新・政《まつりごと》の哲学

元安倍内閣官房参与
京都大学大学院教授
藤井聡

青林堂

目次

『新・政の哲学』をはじめる前に〜なぜ、令和の今、「政の哲学」なのか？〜

「『哲学』というと、なんだか『ややこしい』とお感じの方が多いかもしれません。でも、哲学なんて、ホントはメチャクチャに『簡単』なものなのです。」――といううくだりから始まる『政《まつりごと》の哲学』を2014年に最初に出版してから、はや6年以上が過ぎました。

当時筆者は、安倍内閣の内閣官房参与を勤め、週日の大半を、内閣官房の執務室周辺で過ごしていました。内閣官房とはもちろん、日本政府の中枢中の中枢。だから筆者はそこで連日、日本の「リアルな政治」に直接「参与」していたわけです。

そんな「リアルな政治」に関わっていた当方が切実に思っていたのが、

「普通の政治家さんや官僚さん達って、当たり前の哲学の基本をホンットに何にも知らないんだ……こんな状況じゃぁ、まともな政治なんて全然できないよなぁ……」

という感覚。

もちろん多くの一般の方々は、リアルな政治に学校で習ったプラトンやソクラテスやカントの話なんてな～んにも関係ない、実務は実務、お勉強はお勉強だろう、と思ってらっしゃると思います。

ですが、それは**全然違う**のです。リアルな政治であればあるほど、哲学がメチャクチャ必要になってくるのです。

つまり、**政治の現場ほどに思想や哲学が猛烈に求められる場所は無い**のです！

そもそも、日常の「ルーチンワーク」（決まり切った仕事）をやっている時には、ただ同じ事を繰り返すだけですから、思想や哲学が入り込む余地はほとんどありません。で、そんな仕事をやるときに必要なのは、「これまでどうやってきたのか？」という**「情報」**だけです。ところが政治の現場では、「これまでどうやってきたのか？」の情報があっても、しばしば全く役に立たなくなってしまいます。

例えば、今、世界中を席巻している**「新型コロナウイルス」**。

これは、「未知」のウイルスとも言われたものですから、最初は誰もどういう様な代物なのか、分かりませんでした。どれくらいの人が死ぬのか、どれくらいの感染力があるのか――そういったことが何も分からなかったのです。

でも政治の現場では、そんな未知のモノに対しても、何らかの決定をしなければなりません。「分からないから、何もできません」で許されないのが、政治なのです。

そんなどうして良いか分からない時こそ、「思想や哲学」が強烈に必要となるのです。

もし、政府が何の思想や哲学も持ってなければ、「欧米が都市封鎖やってるから、それを真似しよう」という**愚かな話**になるでしょう（そして、我が国政府の判断はまさにそうなりました）。

あるいは、やはり何の思想も哲学もなければ、「これまでの厚労省の感染症対策は、クラスター対策を中心にやってきたんだから、このウイルスがどんなモノかよく分からないけれどとりあえず今回も同じやり方をやりましょう」という、**トンデモなくいい加減でルーチンワーク的**な政治決定がされてしまいます（そして実際、我が国政府はまさにこういう判断をやったのでした）。

ちなみに筆者はここで何も、自粛するのは全部ダメだとか、いつ、いかなる時も都市封鎖はダメだなんて言っているわけではありません。場合によってはそういう取り組みが必要な時もあるのだと思います。ですが、ここで申し上げたいのは、仮にそうするにしても海外の「猿マネ」や単なる「ルーチンワーク」でもって国家の一大事を決めるなんていう、**底の浅い「軽薄」**な政治姿勢そのものが問題だ、という点。

ただし、日本の政治が今、軽薄なのは何も感染症についてだけではありません。**経済、産業、教育、文化、科学**等のあらゆる政治判断が皆、底の浅い軽薄なものに成り下がってしまっているのです。

このままでは、**ホントに日本が壊れてしまう**という焦りを感じ始めたのが、参与に着任してしばらくした頃のことだったのです。そして、この状況を打開するには、あらゆる政策判断の根底にあるべき最もベーシックな哲学を一人でも多くの方々に理解頂く他ないのではないか、と真剣に考え始めたのでした。

そんな思いで本書を企画し、青林堂の渡辺レイ子氏の協力の下、出版したのが本書『**政の哲学**』だったのです。

筆者にとって、この本が今日々取り組んでいる経済や防災の政策論や言論の「ベース」にしている「哲学」をまとまってお話しする最初の本となりました。哲学については、大学院の教科書など、いくつか書いたことがありましたが、一般の方を対象とした網羅的な哲学書はこれが最初だったのです。

なので、この本がどれくらいの方に読んで頂けるのか全く想像もできなかったのですが——誠に有り難いことに、実に多くの方々に本書を手に取って読んで頂くことができたのです。しかも普通の一般書は、一年、二年経つとほとんど新たに手に取って頂く方がいなくなっていくものなのですが、**この『政の哲学』に関しては、毎年毎年、着実に少しずつ新たな読者を広げていった**のです。そして、出版から6年が経った2020年現在でも、未だに少しずつ買って頂くことができる、珍しい出版企画となったのです。

そもそも『政の哲学』は、平成であろうが令和であろうが、経済であろうが医療であろうが、外交であろうが関係なく、あらゆる時代あらゆる問題のベースとなるもの。しかも、誰もが手を出しにくいお堅いイメージの「哲学」を、最初から最後まで全て、徹底的に**日常の話し言葉「だけ」で、「超分かりやすい」形で論じていたことが、口コミなどを通して多くの方々に知られていった**のです。だからこの6年間、毎年毎年、細々とではありますが少しずつ売れていったのだと思います。

ただし、そうこうしている内に、本のストックが全て無くなってしまいました。

その報を受けた時、是非、再版をと考えたのですが、どうせなら、各章の合間合間に挿入していた時事的な**「コラム」をこの令和の時代の時勢にあわせて刷新**してはどうかと考えました。そしてこの度、**『新・政の哲学』**という装《よそお》いで新たにこの令和の時代に再出版することとなった次第です。

折りしもこの「令和」時代、誠に不幸なことに日本も世界もますます「混沌」としてきています。

それはつまり、**「哲学」がますます求められる時代**になったことを意味します。

そんな時代の中で、私たちは今、新型コロナ感染症の拡大や大恐慌、大災害、さらには中国やアメリカや北朝鮮を巻き込んだ世界史的大激変等、次から次へと襲いかかる難問に直面し続けています。

そうした難問の一つ一つについてどのように考えていくべきなのか——そんなことを考える**全てのベースに是非とも、本書『新・政の哲学』を据えみて頂きたい**と考えています。きっと、これまでとは全く違った角度から、色んな問題における「当たり前の答え」が、すらすらとアタマに浮かんでくるようになるのではないかと——考えています。

ついてはまず、平成版の「はじめに」としてまとめた**「哲学って何？」**をご覧頂くところから、本書を読み始めて頂ければと思います。

どうぞ、よろしくお願いいたします。

２０２０年7月19日

京都・紫野の自宅にて　藤井《ふじい》聡《さとし》

はじめに～哲学って何？～

「哲学」というと、なんだか「ややこしい」とお感じの方が多いかもしれません。

でも、哲学なんて、ホントはメチャクチャに「簡単」なものなのです。なぜなら、それはそもそも、ただ「自分の頭を使って、考えましょう」という程度のものだからです。

ところが、世に出回っている哲学の「本」は、ほとんど難しいものばかり。実際、かくいう私も、哲学の「本」を何度か出してきましたが、やはり「他の本よりも難しいですよね」なんて言われてしまいます。

なぜそうなったのかといえば、哲学が「書いたり論じたり」するものになってしまったからです。

例えば、「存在とは？」「真理とは？」なんて問題を立てて、その答えを「書こう、論じよう」とすると、どうしようもなく難しくなってしまいます。

でも哲学を**「語る」**と、そんな難しさは、ウソのように全て消えてなくなります。さらに

「対話する」と、どんなややこしそうな話でもすっと心に入ってくるようになります。
そもそも、哲学が誕生したギリシャ時代、それは「語る」ものであり「対話」するものだったのです。
実際、ソクラテスは、一文字も「書いて」などいません。当時は誰も、哲学を「論じよう」としたり「書こう」とはしていなかったのです。ただただ、いろんな人と、いろんなテーマについて「対話」し続けたのです。そして、そんな対話の片鱗《へんりん》を、プラトンという人が、「対話録」としてまとめたのでした。

つまり、哲学の原点は「書く」のではなく「対話する」ものだったのです。

この『政《まつりごと》の哲学』という本も、そんな哲学の原点に立ち返った「対話」をとりまとめています。

だからこの本は、この世の中のいろんな哲学の本よりも、格段に「分かりやすい」ものとなっているものと思います。
で、この本が何を扱っているのかといえば——それはずばり、**「政治」**です。

そもそも哲学なるものが始まったソクラテス、プラトンの頃から、哲学の最大のテーマは、存在でも恋愛でも真実でもなくて、実は「政治」だったのです。

政治、というモノの中には、真実や人生、存在や認識といった重要テーマが全て「ぎっしり」と詰まっているからです。

例えば今世間を賑わせている新型コロナウイルスをどう扱っていけばいいのか、という話も、「哲学」のど真ん中のテーマ。そこには、生と死とは何か、それに国家と社会はどう関わっていくべきか、という哲学上の大問題が関わっています。

そんな「政治の哲学」のお話を、「政治」の道を志しておられる神谷宗幣《かみやそうへい》君と「対話」する機会を、あるインターネットチャンネル（ＣＧＳ・チャンネルグランドストラテジー）での『じっくり学ぼう！　政治の哲学』にて、計30回に渡って得る事ができました。

この本は、その30回でお話しした内容を基本として、編集し直したものです。

ところで、本書の「対話」では、「論じよう」とすれば、実は、５冊や10冊もの分厚い哲学書を「書」かないといけないような「超濃密な内容」を取り扱っています。でも、この対話で「語」っちゃうと、なんと、こんな普通の本、たった1冊にすっぽりと収まってしまうのです（！）。

しかも、この「対話」の中では、兎《と》に角《かく》一番大切な「肝」の部分だけを「語」っていますから、最も重要な部分の「レベル」は損なわれてはいない、というのが、ミソです。

政治も日本もメチャクチャになりつつある、この21世紀初頭の今のニッポンで、今一度「自分の頭で考える」ためにも、政治を志しておられる方との「対話」に是非、耳を傾けていただきたいと思います。

そうすれば、政治というものが一体なんだったのか――という事のみならず、あなたの人生そのものの輪郭《りんかく》が浮かび上がる事となる――なんてことも期待できるかもしれません。

是非とも最後まで、本書の対話、お楽しみいただけますと幸いです。

２０１４年４月

内閣官房参与の執務室にて　藤井《ふじい》　聡《さとし》

第1回

政治は哲学から切り離せない

～政治の本質～

「政《まつりごと》の哲学」というのは、要するに、「政治の哲学」ということです。政治っていうのも、哲学っていうのも、なかなか一般の方からすればとっつきにくいテーマかもしれませんが、「話し言葉」で順を追って話していけば、実は全然難しくない、誰でも分かるスゴク簡単な話なんだということがご理解いただけるものと思います。その第1回目のここでは、なぜ、この本で政治の哲学のお話をしようとしているのかという点について、お話ししたいと思います。

普通、私たちが「政治」というと、「総理大臣とか国会議員とかの政治家がやっていること」と思っている方が多いのではないかと思います。だから「政治」というと、例えば政治家のスキャンダルの話だとか、どの政党が強くてどの派閥が勢力を拡大してきたのか、といったような話（一般にそういう話は「政局」の話と言われるものです）が、「政治」の話だと漠然《ばくぜん》と思っている方も多かろうと思います。

でも、ホントは「政治」というと、いろんなレベルのものがあります。

国会や内閣などの仕事だけでなく、例えば市役所の行政の取り組みも「政治」ですし、テレビや出版を通していろんなメッセージを伝える言論活動もまた、政治と言えば政治です。もっと広く言うと、居酒屋で、「やっぱり、消費税の増税はけしからんことだ！」「ＴＰＰなんて、日本のためにはならん！」なんていう話をしているだけで、それももう立派な「政治」的な行為です。

なぜそんなものが「政治」なのかというと、そもそも、「人間が二人いれば、そこで必ず始められるもの」こそが「政治」だからです。二人の人がいて、何か一緒にやろうとしていれば、かならずどこかで、やりたいことが食い違ってくることがあります。そうなれば当然、何らかの調整が必要となります。二人で一緒にいるお昼時、一方がうどんを食べたくて、一方がソバを食べたかったとしたら、何らかの調整が必要になります。相談をしてうどんを食べに行くことにして、ソバの人が辛抱する、ただし、次に行く時には今回我慢した人の意向を重視する、なんて調整をするとしたら、それはもう既に立派な「政治」です。

こう考えると、二人以上いる集団（その大きなものが「国家」なわけですが）、そんな集団で、何か一つのことを皆でやろうとすると、それはそれは大変な調整が必要だということが分かります。それぞれ意見を言い合ったり、議論したり、投票したり、場合によってはデモをやったり——そうした振る舞いの全てが「政治」なのです。

そういう意味では、人類は、その誕生当初から、政治ばかりやってきた、と言うことができるでしょう。

そしてそんな人類に大きな転機が訪れたのが、今から2500年前。

西洋のギリシャに「ソクラテス」という哲学者が現れます。そして彼は、「赤の他人同士、一緒にどうにかこうにか暮らしていくためには、一体どうしたらいいのか？」という、現実的、実際的な問題に対して、「兎に角、弱肉強食のルールだけに基づいて、力が強けりゃそれでいい」——なんていうような野蛮な解決の仕方ではなくて、ナントカ上手に、皆が幸せになるような善い方法、善いやり方というものはないものなのか、っていうことをあれこれ考えました——それが「政治の哲学」と呼ばれるものの出発点となります。

それ以来、人類はもうこの2500年間、いろんな人たちが入れ替わり立ち替わり、そんな「政治の哲学」について考えながら、具体的な「政治」を続けてきたわけです。

でも面白いことに、2500年前に、ソクラテスが考えたことがずーっと引き継がれてきているのです。そしてこの人類の歴史で、様々な政治家たちが皆、このソクラテスから始まる「政治の哲学」に、意図的／無意図的に、直接的／間接的に立ち返りながら、この超絶にややこしい政治というものをやり続けてきたわけです。

そして、その長い長い歴史の中で、ソクラテスから始まる政治の哲学は、政治を行う上でとても大切な基本中の基本の考え方であることが証明され続けてきました。つまり「政治を行う上で、是非、参照すべき、とっても良いもの」として長い歴史の中で生き残り、引き継がれてきたものなのです。

つまり、何らかの形で**政治に関わる人たちにとっての「たしなみ」として引き継がれてきたものが「政治の哲学」**というものなのです。

だから、政治家の方や官僚の方々は言うに及ばず、どんな方でも今や「投票」に行ったりしているわけですから、誰もが「たしなみ」としてある程度の政治の哲学を持っていないといけないものなのです。

逆に言うと、「政治の哲学」が不在のまま、政治について何かやっていると、なんだかとてもオカシナことになってしまうわけです。それはちょうど、料理の基本を何も知らないのに、好き勝手に料理をしたらメチャクチャなモノしかできない――ということと同じです。料理の基本くらいは「たしなみ」として知っておかないとまともな料理なんて何一つできませんよね。

だから今の日本では、政治家であろうがなかろうが、例えば居酒屋や喫茶店で政治について話したり選挙に行ったりする以上は、どんな人だってたしなみとして最低限の「政治の哲学」を知っておかないとダメなんですね。

そして、そんな「政治の哲学」における基本中の基本がソクラテスであり、その弟子のプラトンなわけです。そして面白いことに、それ以後もいろんな哲学者（例えば、ヘーゲルだとかウィトゲンシュタインだとか、ハンナ・アーレントだとか）が今日まで様々に現れてくるのですが、彼等は皆、ソクラテスやプラトンの哲学を基本として、それぞれの時代の状況を加味しながら様々に発展させてきているのです。

例えば、日本で言いますと、福沢諭吉《ふくざわゆきち》もまた、そんな長い政治の哲学の歴史的な流れの中に位置付けられています。

我が国日本が近代化に向け端緒となった本が『学問のすゝめ』という本でした。

彼は、「学問をやらなかったら、日本はメチャクチャになる！」と考え、この本を出版したわけです。それは、当時の日本で実に「３００万部」（！）も売れたそうです。

当時の人口は3000万ですから、10％の国民が買った、ということです。今で言ったら、1200万部売れた、っていう凄《すさ》まじいベストセラーですね。学校のクラスで「貸してくれ」みたいな人もいたんだと考えたら、2000万人くらい読んでいる、というようなお話です。

これはもう、凄まじいの一言。

そもそもこの本には、「一身独立して、一国独立す」なんて書かれていた。つまり、「兎に角、人間は、一人で歩けるような独立心を持たなきゃならん、そして、皆がそうやって独立したら、その国は、どんな強い外国が来ようが、強靭《きょうじん》にはねのけて、独立を保つことができるんだ！だからフラフラとボウフラみたいにしていちゃダメだ、お前たちが、皆ボウフラだったら、この国は外国に好きなようにされて、メチャクチャになっちゃうぞ！」なんてことが書かれていたわけです。で、そんな話を、今で言うと2000万人くらいが読んでいたってわけです。

そう考えると、今とはもう比べものにならないくらい、当時の日本の「民度」は凄じく高かった、ということですよね。武士階級だけじゃなくて、一般の庶民の民度そのものが、凄まじく高かったのです。

で、彼のそういう考え方っていうのは、詳しく何回目かにお話ししますけど、実は、ジョン・スチュアート・ミルという、イギリスの政治哲学者が書いた『自由論』とか、『代議制統治論』とかから来ているんです。

福沢諭吉は英語が読めたので、彼は、当時の一流の政治哲学者だったミルの本を必死で勉強したんですね。そしてそこで学んだ「政治の哲学」を、明治の最初の頃の日本の文脈の中に落とし込んで語っていったわけです。

要するに福沢諭吉は、日本が近代化していくにあたって一番初めにやらないといけないのは、こういった「政治の哲学」を日本国民に広めることだ、と直感したのです。そしてその信念に基づいて、ジョン・スチュアート・ミルの政治の哲学の書籍を読み、それを一般国民に広めていったのです。

「ジョン・スチュアート・ミルって、誰、それ？」って言う方も多かろうと思いますが、ミルは文字通り、政治哲学の系譜のど真ん中の「王道」の人物。

つまり、ソクラテス、プラトンからミルまで、一本の太い系譜でストーンと繋がっているんです。だから、明治黎明《れいめい》の頃の諭吉の『学問のすゝめ』の中には、ソクラテス／プラトンの精神がズドーンと入っているわけです。

ということは、福沢諭吉の思想の真ん中に、ヨーロッパ中で引き継がれてきた立派な伝統がずっぽし入っている、で、その思想に沿って、明治の日本は富国強兵や不平等条約の解消なりが進んでいった――っていうのを考えると、実はこの近代の日本というのをつくっているのは、縄文時代、弥生時代から引き継がれてきた日本の伝統だけなのではなくて、ヨーロッパの伝統として引き継がれてきた「政治の哲学」だとも言えるわけです。

昨今では「哲学」を語れば、「なんか、理屈ばっかりこね回す、ヘンな奴だなぁ」なんて風に言われてしまったり、「理屈なんてどうでもいい！　実行こそが大事なんだ！」とか言われることが多いように思います。でも、その実行の源が判断で、判断の源に哲学があることは、どうやっても否定できない、真実中の真実なんですね。

で、だいたいそうやって哲学を小馬鹿にするような方々っていうのは、おおよそ、数千年前の「哲学の王道」を無視するくせに、数年前、十数年前に言われ始めた「陳腐《ちんぷ》な哲学モドキ」を後生《ごしょう》大事にして、日々の演説や議論のベースにしたりしているんですよね、もう、ギャグとしか言いようがない（笑）。

だからそんな、「たしなみ」としての「哲学」の王道を小馬鹿にしつつ、最近聞きかじったエセ哲学モドキに準拠《じゅんきょ》しつつ、陳腐《ちんぷ》で幼稚な政治が展開されていく、なんていう情けない時代（それはまた後ほどゆっくりお話ししますが、「ニヒリズム」の時代、「全体主義」の時代と言われるものです）に、現代日本は陥《おちい》りつつあるのですが――そんな時代だからこそ、たしなみとしての政治の哲学上の重要なキーワードを、一つずつ読み解いていくことは大切なのではないかなと、思うわけなのです。

そんな思いがあったものですから、今回話し言葉で、「政の哲学」をお話ししようと思った次第なのです。

そんな「民度の向上」というようなことを、福沢先生がやろうとして、彼は本を出し、そして、当時の人たちはそれについていった。もちろん、当時の人たちは、ミルとかプラトンとかいうような舶来の古い学者の名前なんて誰も知らなかったでしょうし、『学問のすゝめ』も「武士道」の文脈で読んでいったと思うんですけど、それでもやはり、知らず知らずのうちに、諭吉が『学問のすゝめ』にガッツリと埋め込んだ西洋の政治の哲学は、当時の日本人にインパクトを与え、そのインパクトを受けつつ近代日本国家ができ上がっていったのは、紛《まご》うことなき事実だと思いますね。

で、なぜ、当時、それができたのかっていうと、やっぱり、当時の人たちは（おそらくは、令和の我々とは比べものにならないくらいに！）、「しっかりと頭を使って考えて」いたんだと思います。昔の人たちの書いたことなんて読んでいると、ホントに惚れ惚れするくらい、しっかりと頭を使って考えているのが分かります。それが、先人の叡智《えいち》っていうものだと思います。

もちろん先人たちが一人の例外もなく、全員が偉かったのかというと別でしょうけど、それでも、2500年も引き継がれて残ってきたものというのは、凄まじい深みも広がりもある。だから、そんな凄まじくスゴイものを学ばない、知らないというのは、現代の人間としてはやはり「罪」ではないかとすら、感じます。

ところで、なぜ自分がこの「哲学シリーズ」をお引き受けしようと思ったかというと、実は今から申し上げる話のほとんどは、講義でやっているからです。大学の講義の一部を、一般の皆さんにご紹介するのは、『学問のすゝめ』を広く世に出版した諭吉の想いに共感する当方としては、とても良いアイディアだと感じたわけです（笑）。

当方、大学では「公共政策」を教えるわけですけど、そもそも、公共政策を考えるということは、当然ながら、どの政策が良いかという「判断」をするということ。そして、そんな判断をする時には、その判断の基準、源がどうしても必要となってきます。だから、不可避的に、公共政策を教えるためには、判断の源についての学、すなわち、「哲学」を語らないわけにいかなくなるわけです。

だから当方は、学部生の公共政策についての講義の「冒頭回」、ならびに、講義全体をとりまとめる「最終回」では、基礎的な哲学理論を講義しています（教科書は『土木計画学：公共選択の社会科学』を使っています）。大学院では、後期の半年をかけて、公共政策の社会哲学をじっくりお話しする講義をしています（こちらの講義では、『大衆社会の処方箋：実学としての社会哲学』を使っています）。

ここでは、そんな大学、ならびに、大学院での講義内容の一部を、少しずつ切り出して、ワン・トピックずつお話していこうと考えたわけです。

どうぞ、最後までお付き合いください。

コラム1

強い日本をつくろう!

「考えるコト」と「実行するコト」の無限ループがあれば新型コロナ対策も万全!

この本は、政治の「哲学」の本です。

でも、哲学、と聞くと、もうそれだけで「俺は、実践《じっせん》家、実務家だから、カンケーないや」と感じてしまう方もいるかもしれません。

だけど、そういう態度では、何をやっても、結局、成功できなくなってしまいます。

なぜというなら、私たちは、どんなことをするにしても、「しっかりとよく考えなければ、その内、失敗してしまうから」です。

「哲学」というとなんだかややこしそうですが、その本質は、「しっかりと、よく考えよう」ということに過ぎません。だからそれは何も特別なことではないのです。極々、当たり前のことなのです。

だから、何をするにしても、哲学と呼ぼうが呼ばなかろうが「しっかりとモノを考える」という姿勢は、絶対に必要なのです。この本が伝えたいのは、その一点だと言っても過言ではありません。

でも、哲学の「理屈だけ」を考え、それ以外のことは何もしない人――というのは、全く使い物になりません。

だから、当たり前のことですが、しっかり考えるコトも大事だし、いろんなコトを実行していくコトも大事なわけです。しっかりと考えながら実践し、実践の中で「問題」にぶつかったら、それを無視したり、忘れたりするのでなくて、そこから目をそらさず、ハッキリ解決するまでしっかりと考える。そして、しっかりと考えた上で、それに基づいてしっかりと実践をする――そんな、「考えるコト＝哲学」と「実践」を無限に繰り返していくことが、人間にとって、何よりも大切なわけです。

ただ、現代という時代は、幸か不幸か、何も考えなくても生きていけるようになってしまった時代。昔だったら、何も考えなければ大怪我《おおけが》をしたり死んでしまったりしていたわけですが、最近は文明が発達したお陰で、「ぼーっと」していても何となく生きていけるようになってしまいました――。

で、日本がそんな時代になってしまったものだから、我が国はどんどん弱い国に成り下がってきてしまいました。他の国々は、「必死で考えて」そしていろんな実践をやっているのに、日本だけ「ぼーっと」してたら、そりゃ、日本だけが落ちぶれていくのも必定《ひつじょう》ですよね。

最近、「そんな弱くなってしまった風潮を見ながらウダウダ考えていてもしょうがない。実行あるのみだ！」なんて勇ましく言う薄っぺらい政治家や、やたらエラソーなオヤジどもをよく見かけるようになりました（そういう輩《やから》はおおよそ「改革を止めるな！」「グローバル化は待ったなし！」なぞと叫びますが、そういう手合いは十中八九、単なるアホです）。そして、そんなオヤジや政治家たちの言うことを真に受けて、「僕も何か実行しなきゃ！」なんて焦《あせ》っている若い奴を見ることも増えてきました。

でも、それって、真逆です。

そもそも、今の日本が弱い弱い国になってきたのは、何も考えずに実践ばっかりやっているからです。だから日本は、今こそ、じっくりと考える「哲学」がとてつもなく重要になっているわけです。今の日本が弱くなっているのは、哲学がないがゆえなんです。

そんなこんなで、本書は、「哲学」を「じっくり」考えようとするものです。

ただ、そんな哲学は、実は、実践と「ペア」じゃなければ、何にも意味がない、というのは先にお話しした通り。だから、本書では時折、こんな形の「コラム」で、それぞれのトピックに関係する実践についても、お話ししたいと思います。

そういう実践と哲学のバランスをとることで初めて、「強くて幸せな日本」が実現するんです。というより、そんな風にして、実践と哲学の間を無限に往復（ループ）させることでしか、「強い日本」「皆が幸せに生きていける日本」は、絶対に実現できないのです。

例えば「新型コロナ対策」。日本も欧米も兎に角、都市活動を停止し、家に閉じこもるという方策をとりました。ある程度収束した後も、社会的距離2メートルを取りましょうというかけ声の下、都市活動が様々に制限されています。

確かにこれで感染は止められるのでしょうけれど、それによって私たちはいろんなものを失っています。経済はもちろんのこと、あらゆる社会的活動、文化的活動が制限され、宴会やパーティ、会食といった私たちの社会を支える「社交」のあらかたを喪失《そうしつ》しています。

多くの国民はそれはそれでいいじゃないかと思っている節がありますが、それは、「命」以外の価値観を国民が見失っているからこそ。もし、社交や文化をもっと大切にするのが国民の常識であれば、もっと社会経済活動に敬意を払いながら自粛要請《じしゅくようせい》なり何なりをしているはずなのですが、そういう雰囲気は我が国には全く見られません。

つまり、今の日本人は特に何の「哲学」も持たずに、半ば機械的に、命さえ助かればいいだろうと考え、若年層であろうが、基礎疾患のある高齢者であろうが、彼が感染者、感染死者である限り「一人」と数え、タダひたすらにそれを抑え込む対策をとり続けているのです。

ここで少しでも「頭」を使う国民がいれば、もっと「かしこく」感染症対策を行い、社会や文化、経済をできるだけ傷付けずに済むはずなのですが、命以外の価値観があらかた失われた砂漠のような今の日本では、そうはならないのです。

とはいえ、例えば今の国民ですら、「一家団らん」や「恋人同士の語らい」に2メートルの社会的距離を持ち出している国民は少数派ですから、実際の「暮らし方」には、それなりに価値観が反映されているのですが、それをあえて「哲学」という形で口にしないものですから、政策は全部、単なる「命が守れりゃそれでいいじゃん」という、半ば暴力的な対策ばかりが採用されているのです。

だから、今のコロナ問題にしても、頭を使う「哲学」に基づいて感染症対策という「実践」を行えば、その内容も全く変わってくるのであり、そうなればまた、問題の種類も変わってきて、さらに頭を使う「哲学」も深まっていくことになるわけです。

だから、こんなに哲学なき時代ですから、是非とも、こんなコラムも横目に見ながら、実践の問題に目配せしながら、じっくりと哲学を考えてみていただきたいと思います。

第2回

「哲人」とは何か?

～洞窟の比喩～

政治のお話をするにあたって、政治ではいろんな考え方や立場があることは当然なのですが、そんな立場の相違を超えて、誰もが避けなきゃいけないと考えられているものが一つだけあります。

「思考停止」です。

今の日本では、何があっても大して何も考えず、ムードや周りの雰囲気に惑わされてなんとなく決めていってしまう、というのが多くなっています。劇場型政治とか、炎上型政治と呼ばれているのは、そんな政治における「思考停止」に他なりません。

ただし、そんな思考停止は今だけじゃないんです。2500年前のソクラテス／プラトンの時代からそうだったんです。

ついては、まず今日は「政治」という言葉の意味をお話しするところから始めましょう。この「政治」という言葉の中に、思考停止なんてしてちゃ絶対ダメだ、っていう、政治の本質の全てが詰まっているからです。

政治という言葉は、「政」という言葉と「治」という言葉が組み合わさったものですが、この前者の「政」というのは、「まつりごと」と読みます。で、この「まつりごと」というのは、語源的に言いますと、「たてまつる（奉る）・こと」です。「奉る」という言葉は、俗世の人間が、崇高《すうこう》な、聖的な領域に参上する、という意味で、そういう行為こそが「祭り」と呼ばれるものです。つまり、政治の「政《まつりごと》」ということは、「神様」を想定した上で、その神様に奉る

「祭事」を意味する言葉なのです。

一方で、「治」という言葉は、「治める」という意味です。これは、「混乱している事物を安定した状態にする」という意味です。そもそも人間というのは、複数いれば意見が異なるし、思いも願いも違う、だからそこで必然的に、不協和や争いことが生じてしまう、そして、その不協和や争いことを調整していくことが政治なのだ――という簡単な説明を、第1回の時にお話ししましたが、その時の意味は、主としてこの、政治の二つ目の単語の「治」という言葉を意味しています。つまり、人々の間の揉《も》めごとを調整して、皆の不満が最小化され、それなりに調和と秩序のある状態をつくり出す、というのが「治」という言葉の意味です。

さて、この二つの言葉「政」（まつりごと）と「治める」を組み合わせて初めて、「政治」という言葉の意味が見えてきます。

つまりそれは、「**崇高《すうこう》なるもの、聖的なるもの**（つまり、カミサマ）と繋がりながら（＝祭りごとをしながら）、人々の間のいさかいごとで乱れてしまったこの**俗世を落ち着かせていく**（治めていく）」ということなのです。

したがいまして、政治というものは必然的に、一面では、カミサマを想定した崇高な宗教的側面を帯《お》びるものなのです！

政治においては、常に、崇高なものと繋がりながら治めることを目指さねばならないのであって、それがなければ、それはもう政治とは呼ぶことなどできない代物《しろもの》であって、単なるモメゴトを暴力的に治めるヤクザの論理になってしまう——という次第です。

だから兎に角、宗教に対してアレルギーがある人、っていうのは、政治の話もまともにできない、ということになるんですね。で、昨今では、どういうわけか「宗教なんて、話題にすること自体が間違いだ！」なんていう、ヘンテコな空気なり風潮がありますから、結局、まともな政治の話もできなくなってしまっているんです。

この問題は、ホントに深刻な問題だと思います。正月には初詣《はつもうで》も行くし、受験の時には神社へ神頼みに行くし、試験会場にお守り持って行ったりするクセに、です。やっていることと言っていることがもうメチャクチャですよね（笑）。

まぁそれはさておき、兎に角、政治の王道は、繰り返しますが、「宗教性」「宗教観」というものを、徹底的に大切にする、というところにあります。そして、何が崇高で何が俗悪なのか、何が聖であり何が邪《じゃ》か、そういったことを瞬時に見分け、崇高なる聖なる方向を目指す、というのが、政治の王道だ、ということを、政治という言葉そのものが意味しているのです。

そして、ギリシャ哲学では、そんな宗教性を持ち、聖なるものと邪なるものを見分ける能力を持った人間は、「哲学者」と呼ばれるのです！

普通、哲学者といえば、なんだかわけの分からない、ややこしい理屈ばかりこね回している人、というイメージを持っている方は多かろうと思いますが、そうではなくて、いわば宗教的な世界（あるいはソクラテスなら明確に〝神〟と読んだ存在）と「ピピッ！」と繋がって、聖なるもの崇高なるものが何であるのか、あるいは、何が「真」で、何が「善」で、何が「美」なのかを見分ける魂を持った人のことを「哲学者」って言うんですね。

そして、そんなきちんとモノゴトの**善悪や美醜《びしゅう》、真偽《しんぎ》の区別がガッツリとできる哲学者こそが、政治をしなければならないんですよ、というのがソクラテス／プラトンの、政治哲学の最大のポイント**なのです！

これこそが**「哲人統治説」**と呼ばれる、政治哲学の王道中の王道と言うべき、ど真ん中の哲学理論です。

おおよそ、私の大学での授業でも、まず黒板に「政治」と書いて、「政というのは、神様と繋がることなんですよ」という話をした上で、「そういうことができる人間のことをギリシャ哲学では哲学者というのであって、そして、そいつが政治をしないといけないんですよとソクラテスもプラトンも言っているんですよ」ということをお話しします。そしてその上で、「ソクラテス／プラトンが考えている〝哲人統治説〟っていう考え方も、『政治』（まつりごと＋おさめる）という日本語の背後にある考え方も、実は、まるっきり同じなんですよ」ということを解説しています。

さて、この哲人統治説を考える時に、重要なのは、一体全体、哲学者というのは、どんな奴なんだ、という点です。この点について、ソクラテスとプラトンは次のようにお話ししています。

図1　洞窟の比喩　イメージ図

そのお話っていうのは、「洞窟の比喩《ひゆ》」と呼ばれるものです。これは、対話篇『国家』という本の中で出てくるもので、ひょっとすると「世界で一番有名な比喩」と言っても良いかもしれません。それくらい大事な、哲学における基本中の基本、と言うべき、お話です。

――まず最初に、長い洞窟を想像してください。それはメチャクチャ長いもので、太陽の光は全然、奥の奥までは届かない。

で、その洞窟の穴の先端を考えましょう。そこで人々が、（図1のように）洞窟の先端の壁に顔を向けて座っている、と考えてください。

一方で、こうした人々の頭の後ろ側に、「焚き火」があると想像してください。この人々は、ずっと壁を向いて座っているので、そこに焚き火があるとは、誰も全く気付かない。

さて、ここで、人々の後頭部と焚き火の間に、何か得体の知れない者がいて（この存在についてももちろん、人々は気付かない。人々はずっと壁に向いたままだからです）、そこで、お皿なりスプーンなりといった、いろんなモノを焚き火の光にかざしていると考えてください。

さて、そうしたらどうなるかと言えば、炎にかざされたいろんなモノの「影」が、洞窟の壁に映ることになります。

さて、この人々は、生まれてからこの方、ずっと、壁の方向に首が固定されていて、「影」ばかりを見て育ってきた人々だと考えましょう。だから彼等はその影を見て、「あれが、お皿だ」「あれがスプーンだ」と考えている。生まれてからずっとそう見ているから、彼等は皆、〝壁の皿の影を、皿そのものだ〟と思っている。そこにある焚き火には、誰も気付いてはいない。

そんなある日、ある人が突然、後ろを見ることに成功する。すると彼はスグに、そこに焚き火があることを理解する。そして、自分たちが今まで皿と信じてきたものが、実は皿ではなくて単なる皿の「影」であることに気付くわけです。

彼はさらに、その焚き火の向こう側に道が続いていることに気付く。

だから彼は、「なんだろう?」と考え、トコトコと、歩いて行きます。その道は、洞窟の出口と繋がっている。だから、歩いて行けば、段々と光が見えてくる。

さっきまで彼が慣れ親しんだ焚き火の光とは違う、ものすごい光が、ウワーッ、と見えてくる。

彼は「何があるのだろう、外にはどんなものがあるんだろう」「氷の大地だろうか、炎の水だろうか」なんてことを考えながら、その光に向かって歩いて行く。それはとてつもなくまぶしい光で、出口に近づけば近づくほど、先に進むことが難しくなっていく——だけど、そんな中、必死になって突き進んで行けば、ある時にパっと外に出る。そして目を見開くと、そこにはスパーンと広い草原が広がっている。そこには、木があって、雲があって、空があって——

「いやー、すごいなこれ」と彼は天にも昇る心持ちになる。

しばらくすると段々暗くなっていって、夜になる。すると空には満天の星空が広がる——。

さて、この外に出た、突然変異的な人物、この人物こそが「哲学者」なんだと、ソクラテスは言います。

で、この哲学者以外の、壁ばかりを向いて、影をホンモノだと思い込んでいる人々こそが、「一般ピープル」、つまり、「普通の人々」なわけです。

さて、この哲学者、しばらく外で、素晴らしい風景を見入った後で、洞窟の中に戻ってくるわけです。

この哲学者は、外の世界で「真実」を見たわけです。彼にはもう、影は影にしか見えない。影をホンモノだなんて考えることは、永遠にできない体になってしまっている。つまり彼は、自分たちが今まで、いかに惑わされた真実の状況ではない虚構《きょこう》の空間にいたのか――ということをありありと見て帰ってくる。

つまり彼は既に、何が真で、何が善で、何が美なのか、ということが分かってしまう存在になってしまったのです。つまり彼は、「政治」を行う時に知らなければならない、「奉《たてまつ》るべき崇高なもの」というものが一体何であるのかを知っている存在なのです。

で、彼は洞窟の中の人々のところに戻ってきた時、人々にこう言います。

「みんな、皿だと思っているものは、実は、それは皿ではなくて、皿の影なんだ！」

彼はこう言って一所懸命説明しようとします。

でも、誰も彼の言うことが理解できません。「お前、何ワケワカンナイこと、言ってるんだよ、これは、皿に決まっているじゃないか⁉」そして、皆は彼のことを「頭のオカシナ奴」と見なして、馬鹿にしたり、イジメたりし始めます。「お前、ホント馬鹿だなぁ、ワケワカンナイことばかり言って」「そうだよ、そうだよ、こいつホントバカだよ」「ばーか！　ばーか！」。

つまり真実を知っている哲学者は、真実を知っているということが理由で、一般の人々からイジメにあってしまうわけです。

――以上が、「洞窟」のお話なわけですが、このお話は、対話篇『国家』っていう本の中で説明されているお話です。哲学者はどういう人なのか、ということを説明するために、ソクラテスが口にした比喩なんですね。

だから、哲学者でない、普通の人々、一般ピープルは、「崇高なモノと繋がる」ということができない。繋がることができない人は、もう、ずっと繋がれない。何がホントのことで何がウソのことなのか、何が美しくて何が醜いのか、何が善いことで何がワルイことなのか――壁に向かって座り続けている人々には、そんな区別は永遠にできない。そして、振り向こうともしない。でもね、実は、振り向こうとすることは簡単なんです。

誰だって、ホントはできるはず、なんですよね。

だけどほとんどの人は、振り向こうとしない。

ホントは、首に筋肉がついている以上、やろうと思えば、できるわけです。振り向いて、出口まで歩いて行こうとすれば歩いて行けるわけです。でも歩いて行かない。

だから、哲学者なんて、ある意味、特別な存在でも何でもない、っていう風にも言える。誰だって、潜在能力としては、振り向いて、歩いて行くことができるはず、なんですから。

でも、ほとんどの人は、振り向こうとすら、夢にも考えない。これこそ、「思考停止」と呼ばれる状態なわけです！　だから哲学者というのは、その他大勢の人が考えつきもせず、夢にも見たことがないようなことをやってしまう、という存在でもあるわけですから、逆に言うと、よほどの変わり者だ、とも言える。だからこそ彼は、悲しいことに皆にイジメられてしまうわけですが……。

そして彼は振り向くだけではなく、困難を承知で外まで行こうと考える。そこも重要な比喩の一つのポイントで、太陽がまぶしくてそこで死にそうになるんですけど、それでも行く、というのが哲学者なんです。だから、この比喩が暗示しているものの一つは、「ホンモノの哲学者になる、ということは、死に赴《おもむ》くほどに難しいことなんだ」、ということなんですね。

本当にいろんな概念がこの中にはあるんですけど、やはり一番大切なのは、外の世界の美しさ。

それは本当に凄まじく美しい。文字通り、呆《ほう》けるくらいに。そしてその、外の世界の真実を知れば、洞窟の人々に襲いかかるどんな危機も避けられることができるわけで、それを知ることは圧倒的に「正しい」ことでもある。だから真実というものは美しいものでもあって、そして、しかも善いものでもある——そういう圧倒的に崇高なものを、この比喩は表現しようとしているわけですね。

つまり、真と善と美は、皆、一緒なんです。

ちなみに、例えばキリスト教では、こういう真なるもの善なるもの美なるものを「神」とかいう名前を付けているんですけど、本当は名前を付けられないんですね。せいぜい、こういう比喩を使って朧気《おぼろげ》に表現することくらいしか、ホントはできないんです。

そして、そういう真善美、崇高なるホンモノ中のホンモノのものと繋がろうとすることはすごく難しいことなんですけど、哲学者は、そういう「外の世界」というホンモノがあることをしっかりと知っている。

しかも彼が知っているのは、そういう「外の世界」の存在だけなのではない。

壁の方ばかりを向いている、おびただしい数の人々が、そういう「外の世界」というホンモノを「知らない」、ということそれ自身も「知って」いる。

そうやって、哲学者は、ホンモノを知り、かつ、人々がホンモノを知らないまやかしの中で生きているという真実も知り、その上で、ホンモノを知らずに彷徨《さまよ》い続けている一般の人々を、どうにかこうにか「治め」ようとする――。

これが「哲人統治説」と呼ばれるものなのです。

いわば、そういう彷徨い続ける人々を、馬鹿にしたり軽蔑したりするのではなく、あくまでも、「安んずる」対象と見なして、いろいろな働きかけをしていく――それこそが、「神の世界に〝まつりごと〟を通して繋がりつつ、荒ぶる一般の人々を安んじ、〝治めて〟いこうとする「政治」と呼ばれる取り組みの本質中の本質となるわけですね。

この比喩は、本当に素晴らしい比喩だと思います。政治や哲学、ウソやマコトといった哲学的に相当に難しいいろんな概念を、実に見事に、分かりやすく表現している比喩なのではないかと、感じます。是非、今言った物語を、皆さんには覚えておいていただきたい――と思います。

大学の講義でも、私はいつも、この洞窟の話をする際はよく、「今日から言うことは死ぬまで忘れるなよ！」なんて言ったりしますが、それくらい、大切な比喩だと思います。

おそらく、このお話を覚えておくと、長い人生、生きていると、「あっ、これって、アノ比喩と同じだ！」なんて思うことがいろいろあるんじゃないかなと思います。例えば、どれだけ正しいことを言っても、誰にも理解されず、それどころか、周りから白い目で見られ、疎《うと》ましがられる――なんて経験をした時とか、真実に近づいていくのを面倒くさいと思った自分があった時とか――。

そして何より「こいつ、政治をやっちゃいかんだろ！」と感ずる人物が政治に携《たずさ》わっている――という現実に直面した時には、「あぁ、この人は、洞窟の外まで行くタイプの人なんじゃなくて、壁の方ばかり向いて、ずっと影ばかり見ながら生きてきた人なんだなぁ」なんて思うかもしれません。

実際私は時々、政治家の発言や振る舞いに対して、心の底から激しい憤りを感ずることがありますが、それはやはり、「ホンモノが何かなんて全く知らないし、ホンモノが何だろうということにも、何の興味もないくせに、影ばかり追いかけている愚か者」であるにもかかわらず、やたらと政治的権力を手に入れようと、必死になっていろんな人を騙《だま》し続けている人、なわけですね。

私はそういう人は本当に許せないのですが、なぜ許せないのか、という答えはこの「洞窟の比喩」の中にあるんだなぁ、といつもしみじみと感じます。きっと、僕が「こいつは政治をやっちゃイカンだろ！」と思うような輩《やから》を、ソクラテス／プラトンのところまで連れて行って見せてあげれば、彼等もきっと、私と全く同じ意見を持つんじゃないかなぁ、なんていう風に感じています（笑）。

さて、では次に、なぜ、哲人たちは、美しい外の世界から、おぞましい影が支配する洞窟の奥底まで舞い戻ってきて、政治をやってしまうのか——その辺の話をね、次回には、致したいと思います。

コラム 2

強い日本をつくろう！

強い国をつくる「強靱化《きょうじんか》」のためには、よくよく「哲学」するしかない。

「洞窟の比喩」は、ホントにスゴク有名な比喩で、しかも、メッチャクチャに分かりやすい比喩ですから、大学の授業なんかではよく説明しています。

ですがやっぱり、「真理」だとか「真善美」「理性」だとかっていう哲学的な言葉を使ってしまうと、この比喩の超絶な「分かりやすさ」が「分かりにくく」なってしてしまう——ということがあるようです。ですから、まぁ、難しい言葉はまずは一旦《いったん》さておいて、この比喩からいろんなことを、是非、自由に感じていただければと思います（言葉は何度も考えていれば、その内、使いこなせるようになるものだと思います）。

さて、この比喩を使うと分かりやすくなるものの一つが、「防災」とか「危機管理」とかいうものです。

もう皆さんご存じのように、今の日本は、首都直下地震だとか南海トラフ地震だとか、あるいは、超巨大台風による荒川や利根川、淀川等の決壊や超大型高潮による大都市水没だとかいう、トンデもなくデカイ災害の危機に直面しています。僕は今、政府の中で、日本をそういう災害が来ても壊れない、強い国にするためにはどうしたらいいのか——ということを、考える仕事を手伝っています。あるいは、自然災害以外にも、北朝鮮からのミサイル問題、イラン問題等を原因とするホルムズ海峡閉鎖に伴《ともな》う石油危機、さらには、リーマンショック級の世界同時恐慌や、14年の消費増税に伴うデフレの深刻化、そしてもちろん今なら、新型コロナウイルスの感染症の第二波第三波の感染爆発など……今の日本には途轍もなく深刻な危機が様々に、超リアルな形で危惧《きぐ》されています。当方は、そうした様々な危機に対峙《たいじ》する取り組みを、「強靭化」の取り組みと呼んでいるのですが、この強靭化のためには、ホントにいろんなコトをやっていかないといけません——がその中でも一番大切なことは、「日本中のあらゆる人に、正確に、危機感を持ってもらうこと」だと、常々考えています。

で、そんな「危機感を持ってもらう」ためにはどうすればいいのか——ということは、この比喩で言うと、カンタンに説明できてしまいます。

つまり、それは、「壁ばかりを向いている人たちに、少しでも後ろを振り返ってもらうコト」だと言えばいいわけです。

今の多くの日本国民は、この比喩の普通の人々のように、真実を見ずに、まやかしの影ばかりを見ています。だから、今そこにある危機には全然気が付かないのです。

まやかしの影をつくり出して、真実に気付かなくさせるような装置も、今や、テレビやネット等、たくさん身の回りにあふれています。「首を動かした人間」にとっては「それは、単なる影に過ぎない」なんてことは当たり前のように分かるのに、「壁ばかり見ている人間」にはそんな当たり前が全く分からないんですね。だから、真実を知っている人が、いくら「危ないよ！」と言ったって、「また大袈裟《おおげさ》な……」なんて風に邪険《じゃけん》にされたりします。

だから、危機意識を持ってもらうことって、ホントに難しいんだなぁ、と改めて感ずる次第であります。

――えっ？　それだけじゃぁ、解決策が何も示せてないじゃないかって？

そう、まさにおっしゃる通り。それだけの話です。

でも、「危機意識を持たない」ってことが一体どういうことなのかをこうやってよく知っておくだけでも、それはそれで「強靭化」のための、重要な一歩になります。

そもそも、それが「本質的に、哲学的にメチャ難しいコトなんだ」ってことを知っているだけで、危機意識を持ってもらうためには、相当な努力を重ねなきゃならない、という方針が明らかになりますよね？　これが、「こんな当たり前のコトなんだから、説明すればスグに伝わるはずだ！」なんて考えているようじゃ、危機意識を喚《かん》するコミュニケーションは、まず失敗するでしょう。

そして何より——この例を通して理解しておくと、「危機意識を持つ」ということと、「美しいことを知る、正しいことを知る、善いことを知る」ということは、本質的に、同じことなんだなぁ……ということも分かりますし、そうなると、要は危機意識を持つかどうかって結局は、理性があるかどうかってことなんだ！　ってことも分かりますよね。

ここまで考えが及べば、やっぱり、危機意識を持ってもらうためにも、日本人全体に、いろんなことについて「思考停止しない風土」っていうのをつくっていくことが大切だってことが見えてきます。そして究極的に言うなら、日本人の民度を上げなきゃ、強靭化なんて、やっぱ、できないよなぁ——なんてことも暗示されるわけです。

——ということで、たかだか、この比喩一つで、強靭化のために必要な大方針が、ポンポン浮かび上がってくる——という次第です。

だから、闇雲《やみくも》に「危機意識を喚起させるんだ！」なんてがんばる前に、こんな哲学で言われている比喩もちょっと使いながら、少しだけでも「考える」という余裕があれば、その実践はより効果的に展開できるようになるのではないかと思うのです。

いろんな実践をする際には、それが大切で、急を要するものであればあるほどに、あれこれ考える「余裕」を少しだけでも持っておくことは、ホントに大切なことなのでしょう。

第3回

政治は〝好き好んで〟やるものじゃない

前回は、政治っていうのは、ちゃんとものごとの良し悪しが分かる「哲人」こそがやらないといけないんだ……というお話をしましたが、今回は、前回の続きをお話ししていこうかと思います。この間お話をしていったのは、洞窟の比喩で、一般ピープルはずっと影を見てぼうっとしているけど、どこかの誰かが後ろを向いて真実を知ってしまって、「自分たちが見てきたものは、全て、単なる影だったんだ！」と分かったんだけど、それをどれだけ声高《こわだか》に言っても、皆に無視され、疎《うと》ましがられる——なんてことが人類の中で延々と繰り返されている、ということをお伝えしたかったからです。そして、このお話を通して、哲学者とはどんな人なのかということと同時に、いかに我々日常において幻想というか虚偽というか虚構にまみれて生きているかということが暗示されている、というわけです。そしてそういう哲学者こそが政治をやるべきだ、というのが哲人統治説なのです。

で、今日は、**哲人統治が生まれる「瞬間」**のお話をしようと思います。

僕がすごく好きな言葉で、本でも何回か引用したんですけど、プラトンがこういうこと言うわけです。銘々《めいめい》の哲学者が「**支配の地位に就《つ》くこと、万《ばん》やむを得ない強制と考えてそこへ赴くでしょう**」。

そもそも、「哲学者は真実を知る人間」です。彼は真・善・美が好きで、それをこよなく愛しているので、政治の、特に政局のいわゆる「猿山の論理」（つまり、誰がケンカの強いボス猿で誰が子分で——というような話）だとか、嘘にまみれて人を騙《だま》して何かやっていくという、現実のおぞましい政治の世界なんてものが、一番嫌いなんですよ。もう見るのもイヤだし、数メートル以内に近づくだけでも、吐き気をもよおすくらい、そんな現実のおぞましい俗世間の汚い話なんて、嫌いなわけです（笑）。

つまり彼は、「政」は大好きなわけですが、どうしようもない、俗世間の「治」には何も興味もないどころか、大っ嫌い（！）なわけです。

だけど！

それにもかかわらず、そういう現実の政治が大っ嫌いな哲学者の方々に、政治をやってもらわないといけないんですね。つまり、哲人統治、というものは、「嫌々やってもらう」しかないものなんです。

だから、政治というのは、決して「政治がやりたい！」とか言って、嬉々としてやってもらっちゃいけないものなんです。政治というものは、とにかく、「**嫌々やるもの**」、でなくてはならないんです！

でも、誰だってイヤなモノはやらない。

だから、普通に考えれば、結局は、政治をやるべき人は政治の現場から皆いなくなってしまい、ホントは政治なんてやっちゃいけないエセ哲学者たちが、好き好んで政治の世界にやってくる――なんてことになっていくはずです。

ということで、そうである以上、哲人統治、という理想は実現できない――ということになるはずです。

だとしたら、こうした「嫌がる哲学者に無理矢理、政治をさせる」という問題を解かない限り、哲人統治説は成立しないわけです。

嫌なのだけどその嫌なことをやる――その時プラトンがソクラテスの口を借りていった言葉が、この言葉だったわけです。「銘々が支配の地位に就くこと、万やむを得ない強制と考えてそこへ赴くでしょう」。

つまり、哲人は、政治なんて大っ嫌いなんだけど、この世のおぞましさを見るに見かねて、自分だけしか正しい道を指し示してやることができない――と感じて、「嫌なんだけど、しゃあない――、死ぬほど嫌なんだけど、万やむを得ずしゃあないなぁ……」と考えて、政治の現場に降り立っていくわけです。

いわば、哲人たちは、誰もできなかった、「振り向いて、真実を知ってしまった」ということについての「責任」を、感ずるわけです。外を見たら外を見ただけの責任が生まれてしまう。そして、哲人たちは、その責任を十二分に感じ取るわけです。何と言っても彼等は、真善美を見抜く力を持った、哲学者なんですから、そんな責任を十二分に感じ取ってしまうわけです。

つまり、哲人たちは、「影ばかりを見て、バカなことばっかりやって、自分たちで自分たちの首を絞めるような愚かな振る舞いをやり続けている、壁の方向ばかりを向いている一般ピープルたち」――そんな一般の人々が不幸であるという「真実」を理解し、その真実を知ってしまった以上、彼等に何らかの形で安寧《あんねい》を与え、秩序を与えてやることが「善」であると確信し、そして、その善き行いをできるのは、哲人である自分しかいない、という「真実」を理解してしまう——かくして、彼は、イヤでイヤで仕方のない政治の現場に降り立つことを「万やむを得ず」決意するわけですね。これはもう、仏教で言うところの「菩薩《ぼさつ》」の精神ですよね。つまり、西洋政治哲学も、菩薩様がいなけりゃぁ、成り立たんわけです（笑）。

それと同時に、このソクラテスの言葉は、大変に重要なことを暗示している。

つまり彼は、「政治を好き好んでやる奴はおかしい。そんなもの気付いた人間が嫌々始めるものであって、やりたいやりたいってなる奴は、ちょっとおかしいんじゃないか？」ということを示唆《しさ》しているわけです。

ものすごく壮絶な、というか場合によっては「悲壮」な責任感があって、初めて哲人統治説が成立するわけです。「洞窟の比喩」と「万やむを得ずという感覚」、この二つでもって「哲人統治」が成立するわけです。

もしも「万やむを得ずという感覚」がなければ、哲人は洞窟の外側に出た後は、楽しくって楽しくって仕方ないわけですから、二度と真っ暗で陰々滅々とした洞窟の中なんかには戻ってこないですよね。

この点は、なかなか引用されることが少ないんですけど、すごく重要なことだと思います。

でも考えてみれば当たり前です。哲人でなければ、世の中にあるいろんなことに気が付きもしない。だから、何も気にせずに、普通に暮らしていくことができる。だけど、真実をたくさん知るようになれば、気安く生きていくなんてことが難しくなってきます。

例えば、今の日本には地震の危機もあれば、グローバル恐慌《きょうこう》による危機もあれば、富士山だって噴火するかもしれない。今政府が徹底的に進めらているいろんな規制改革や自由貿易協定が、実は、自分たちの5年後、10年後の暮らしをメチャクチャにしてしまうかもしれない。そして何より、いま僕たちを苦しめている「10％消費税」や「コロナショック」が、令和という時代を大恐慌にたたき落とす事態にまさに今なりつつあるわけで、その結果、日本の政治が歴史上かつて無いほどに乱れに乱れてしまうことになるかもしれない。

都会に住んでいると滅多《めった》に気に留めることもない地方都市を切り捨てるような制度改革が、急速に進められているかもしれない――こんなことを全て何も知らなければ、テレビのバラエティ番組でも見て適当に笑いながら、自分の体重がちょっと増えたからダイエットしなきゃとか、そんなことを心配する程度で生きていけるかもしれない。でも、ありとあらゆる危機や、ありとあらゆる巨大な悪がこの世の中で急速に進められているという事実を知ってしまえば――もう万やむを得ず、そうした問題を解消するために自分に何ができるのかと考えてしまう、ということもあるのではないかと思います。

折りしも、正しいことや善いことをしなきゃ――という潜在的な精神の欲求を強く持つ人たちなら、それはなおさらではないかと思います。

つまり、これだけたくさんの人が生きていたら、どこかに必ず、いろんなことに「気付いちゃう人」っていうのが出てくるわけです。で、気付いちゃったら、もう、しゃあない……ということで、政治の現場に赴いちゃうわけですね。

これが、この哲人統治説の「万やむを得ず」という話なのだと思います。

例えば、政治グループ「竜馬プロジェクト」の会長をお勤めで、この「政の哲学」の企画をネット番組ＣＧＳでホストされてた神谷宗幣さんも、「外国に行って心にスイッチ入って始めてしまいました」っていうことを話されてましたが、政治というのは、そんなところがあるんだと思います。

その感覚を持っておられる政治家は、今の日本にもまだ、どこかにひっそりとおられるんじゃないかと、僕は感じます。もちろん、そうじゃない人もかなりたくさんいますけど（笑）、哲人統治系の政治家もまたおられるわけです。例えば意外に思われるかもしれませんが、よくメディアなんかで批判される「二世議員」の中にも哲人政治系の方がおられる。というよりもむしろ、二世議員の方が、子供の頃から「哲人」としての政治家の父親の背中を見て育った分、哲人統治系の政治家が多いくらいではないかと思います。

だから！「名誉欲、権力欲のために政治を始める奴」は、絶対の絶対の絶対に許しちゃダメなんです。そういう輩は、完全に、「哲人統治」の逆の存在。それは、政治哲学的に言うなら、最悪の犯罪です。窃盗《せっとう》や殺人が重罪であるなら、政治を私利私欲のためだけにやってしまえば失われる生命や財産の量は膨大《ぼうだい》なものに達してしまうわけですから、窃盗《せっとう》や殺人の何万倍、何億倍もの天文学的な水準にまで達するような重罪です。

だからそんな風にして「名誉欲、権力欲のために政治をやっている奴」を「許している奴」もまた許してはいけません。本人も許せないけど、許している奴も許してはいけない、さらに言うなら、「許している奴を許している奴を許している奴」もまた許しちゃいけない（笑）。それくらい凄まじく罪深い最悪の振る舞いが名誉欲、権力欲のために政治に携わろうとする行為なんですね。

そもそも「偽善」というものに対して、人は本能的な嫌悪感を抱きますよね。偽善って言うのは、「僕は良いことしてるんですよ」っていうことをアピールしながら、実は、倫理的な思いは一切なく、ただただそうアピールして人から良く思われて何かの利益を得たいと思っているだけの振る舞いをするというもの。つまりそれは単なる質の悪い「**詐欺**《さぎ》」なわけです。もちろん、その詐欺の構造が分からず、ただ騙されてるだけの状態なら、全くムカツキはしないでしょうけど、その詐欺の構造に気付いたら物凄くムカツクのが当たり前。で、その構図に気付いた人はそういう「偽善」に対して嘔吐《おうと》感ともいうべき本能的な嫌悪感を抱くわけです。そして、「名誉欲権力欲のために政治をするという行為」は、その全体の構図を見て取ることが出来た人にとっては、そんな「偽善」の最高峰の振る舞いなわけですから、最も怒りと嫌悪感を誘発する最低の振る舞いなわけです。だから、その構図に気付いた人にとっては、偽善的政治家に対して憤《いきどお》るだけじゃなく、それを許してる奴や、それを許してる奴を許してる奴に対してすら激しく憤ることになるのです。それは、当たり前に倫理的な人間にとっては、ごくごく自然な感情なわけです。

逆に言うなら、こういう感覚こそが、哲人統治説の根幹《こんかん》なんだと言うこともできます。是非、皆さんも政治家というのは、そういうものなんだと知っておいてもらいたいと思います。

そして、それと同時に（！）、それぞれ政治家の中には政治家としての人生のドラマの中で、そういう「万やむを得ず」という瞬間を持っている方もたくさんおられる、ということも知っていただきたい。

そして是非そういう「万やむを得ず」というドラマを持っている人を、我々は、支援していかないといけないのではないかと、思います。

そして――万一、周りに「支援する人」がいなかったら、それはもう、「しゃぁない」のではないかと思います。

もちろんそれは、「しゃぁない、諦《あきら》めるか――」というあきらめの「しゃぁない」ではありません。

「しゃぁない、万やむを得ず、この自分が、政治に赴かざるを得ないのか――」、という「積極的」な「しゃぁない」です。

ちなみに言うと、やむを得ないのは「千」じゃなくて、「万」だ、っていうところは大切ではないかと思います。つまり、百や千どころか「万」まで考えて考えて考え尽くして——その最後の最後に、「だったら、しゃぁない、俺が出るか——」と決断するわけです。

もちろん、政治家一人一人、様々な「万」があるのだと思いますが、政治家というのは基本的にそういうもんなのだろうと、常々、僕は感じています。

神谷：しかし、始めてしまったらなかなか抜けられないですよね（汗）。

そうですね（笑）、1回渡っちゃったら、もう二度と引き返せないルビコン川のようなもの。洞窟の中で振り返っちゃったら、もう、後には引けない、ということですね。仕方がない。

とはいえ、政治家として様々に努力を重ねても、「もはやこれまで」という状況に追い込まれることもあるでしょう。だから、万やむを得ない状況になったら、「**やめる**」というのも一つなのだと思います。**「政治家になることだけが政治をやる」ということじゃない**ですから。政治というものにはいろいろな形があるわけで、市井《しせい》の民として政治家を応援したり、あるいは、言論をネットやメディア上で展開し続けていくことも、民主主義の今は、重要、というか、必要不可欠な政治活動です。

いずれにしてもその哲人統治説という理念は、政治を考える上での最重要ポイント、最重要項目だと言えるでしょう。だから、今、この話を聞いちゃった人たち、読んじゃった人たちはもう、ルビコン川を渡っちゃったようなものかもしれません（笑）。だとしたら後は、皆さんの「万」がいつ来るのか、それが来たときに一体どういう「政治」を行い始めるのか——を待つだけのステージに、皆さんの人生が移ってしまったということかもしれませんよね（笑）。

コラム 3

選挙の時、最も大切なのは「その政治家・政党は、ウソつきか否か」の一点である
～消費税・大阪都構想・TPPを巡る政治家の言説はほとんど「ウソ」だった～

選挙で政治家は、「公約」を掲げます。そして、有権者は、その「公約」の中身を見て、どの候補者が政治家にふさわしいかを検討し、投票します。

したがって、選挙の投票判断時に「公約」の中身が重要なのは、論をまちません。

とりわけ、候補者による「公約」の違いが明確である場合には、公約の中身が重要となります。例えば、国の未来が分かれる憲法問題や税制、外交安全保障問題で、与野党が対立するような時、公約を見てどの政党候補に投票するかを考えやすくなります。

しかし、最近の選挙では、どの候補者も「経済対策をする」だの「暮らしを守る」

だのと似たり寄ったりの主張をすることが多く、投票判断をするのが難しいケースも少なくありません。

しかも、安全保障問題や憲法問題、経済問題などは、その全容を正確に理解するためにはかなりの時間がかかり、一般の方には、なかなか十分に理解することが難しいのが実態です。

つまり、政治問題については、国民はおおよそ、どこまでいっても「しろうと」なのです。

で、そういうややこしい政治問題についての「しろうと」が相手の場合、政治問題の「くろうと」は、やろうと思えばいくらでも「騙《だま》す」ことも「誤魔化《ごまか》す」ことも可能なのです。

その典型例が、「消費増税問題」です。

（こまかい話は、当方の別の本、例えば『**消費税10％が日本経済を破壊する**』等に委ねますが）「真実の答え」は、消費税を5％に「減税」すれば、経済は活性化し、税収も増えて、財政も再建し、社会保障財源も確保できていく――ということなのですが、実に多くの政治家たち、および、彼らが所属する特定政党は、「消費税は10％に上げるべきだ」と主張し、そういう公約をとある選挙で掲げました。その時、別の諸政党は上げるべきでない、という公約を掲げました。

なぜこうなったのかと言えば、消費税を巡る「真実」を多くの国民が全く理解していないからです。しかもこの問題が深刻なのは、東京大学をはじめとした一流経済学者たちの多く、そして、全ての大手新聞社が、「消費増税すべきだ」と主張したからです。なぜ、そんな理不尽《りふじん》極まりない現象が起こっているのかということについては、この本の「全体主義」の解説の箇所をご覧いただければと思いますが、兎に角、この国のエリートたちが寄ってたかって「財政再建が必要だ、そのためには、消費増税すればいい！」という完全に真実から乖離《かいり》した間違った主張、つまり**「ウソ話」を正当化し続けた**のです。

いわば、**詐欺師**たちが東大教授や大手新聞社のお墨付きをもらったようなものですから、ほとんどの国民が騙されるのも仕方ない——という状況だったわけです。

結果、増税を公約に掲げた政党がその選挙では大勝し、実際に私たちの消費税は10％に上げられました。その後、景気は激しく落ち込んでおり、税収も今、縮小し始めています（ですが、その「詐欺」に加担したメディアはそれをひた隠しにして、全て、コロナウイルスのせいにしていますが——）。

同じようなことが「大阪都構想」と呼ばれる特定の地域政党の政策についても、TPPという自由貿易推進政策についても起こっていました。つまり都構想なりTPPを推進する政治家たちの言説は驚くべき量のおびただしい数々の「ウソ」にまみれていました（この詳細な政策論は、拙著『**大阪都構想が日本を破壊する**』『**令和日本・再生計画**』をご参照ください）。

「大阪都構想は、二重行政を解消するために必要だ！」と特定政党の政治家たちは主張し続けていますが、二重行政による無駄などほとんどなく、かつ、都構想実現のために必要な必要経費が膨大な水準に達するものであることは、彼等が議員を務める「市議会」の中できっちりと明らかにされています。しかし、一般の有権者たちは、そんなことを知るはずもありません。だから、「しろうと」の有権者は簡単に騙されてしまうわけです。

そんな「ウソ」の典型例が、ＴＰＰを巡る政治家たちの言説でした。

ある特定政党は「ＴＰＰに反対します！」と公言し、そういうポスターも大量につくって地方部でそれを張りまくって選挙を戦い、そしてその選挙に勝って政権を取ったにもかかわらず、あろうことか、２０１２年の政権奪取後、ＴＰＰを推進してしまったのです！　言うまでもなく、ＴＰＰに反対している人たちがＴＰＰを廃止してもらいたい一心でこの政党に投票したわけですから、その政党は、そうした人々を明確に**「だました」**わけです。

これほど明白な「ウソ」はありません。

しかし恐るべきことに、そのＴＰＰを巡るウソをついた人たちは、特にその後、大きく咎《とが》められることも選挙で負けることもなく、（令和2年1月現在）安定的な権力基盤を構築してしまっています。

さて、ここで大切なのは、TPPや都構想、消費税といった問題は、その後の経済や社会の在り方に甚大な影響を及ぼすものである、という点にあります。したがって、それらについてのウソは、とてつもない被害をもたらすわけですから、それは、お世辞をいったり、やる気を出させるために少々「盛って」ほめたりする他愛《たあい》もないウソとは全然違う、**極めて危険な「ヤバイ」ウソ**なわけです。

そんな政治家のウソの中でもとりわけヤバかったのが、ナチス・ドイツのヒトラーのウソです。なんといっても、ヒトラーのウソは、「ドイツ人が世界を支配するのは当然で、そのために外国を侵略するのは道徳的に正しいのだ」というメチャクチャなウソだったわけで、実際にそのウソのせいで世界大戦がはじまり、何千万人と人が死ぬ事態に至ったわけです。

だから、政治家のウソは、絶対に避けなければならないわけです。

――ということで、**選挙の時に何が大切なのかと言えば、「どういう公約なのか?」ということもさることながら、「そいつがウソつきなのかどうか?」が圧倒的に大切なのです。**

ついては是非、皆さんの選挙区の政治家や、皆さんに関係のある総理大臣や市長や知事たちが、**過去にウソをどれだけついてきたのかをよくよく調べてみてください。立派なことを言ってても、そいつは単なる「詐欺師」かもしれないのです！**

そして——ソクラテス／プラトンが言ったように、政治の世界には、政治に関する富や権力が欲しいがために、ちょうど砂糖にアリが群がるように、自分のためなら平然とウソをつく輩どもが群がってくるのです。そんな詐欺師たちは、政治家には絶対なってはいけないのです。是非、皆さんの「投票」を通して、そんな砂糖に群がるアリのような政治家たちは、政治の世界から追い出してやっていただきたいと思います。

それができなければ、「政の哲学」は全て蔑《ないがし》ろにされ、「幸せな国」や「幸せな地域」をつくりあげることは絶対にできなくなるのです。

第4回

民主主義はメチャクチャ危ない政治制度

~理性・気概・欲望の哲学~

前回までは、「哲人」というのはどういう奴で、結局そいつは「しゃあない」と言って「政治をせざるを得ない——」と感じて政治を始めてしまう——という話を致しましたが、今回は、そこからもう少し話を広げて、「社会全体」の中で哲人という人はどんな人なのか、というお話をしたいと思います。

で、その答えの一つは、洞窟の比喩で、既に表されていますよね。壁を「ぼー」と見ているのが一般の人で、哲人は、一人だけ、真実に気付いちゃった人、ということですね。

でも、そういう風に「気付く、気付かない」という点以外にも、哲人と非哲人との間には、大きな差がある——ということが、実は、洞窟の比喩を語ったソクラテス／プラトンによって、語られています。今日はまず、そのお話から致したいと思います。

そのお話もまた、対話篇『国家』の中に出てくるものです。この比喩も本当に分かりやすくて、大学の授業でもいつも、解説しているお話です。

ではまず、「社会」あるいは「国家」というものがどんなものなのかを考えましょう。

まず、国家というものを、図2のような1個の「丸」で書きましょう。次にその丸の真ん中に小さい丸を書きます。そしてさらに、その丸の中にもっと小さい点みたいな丸を1個書く。

プラトンは、社会とはこうなっていると言います。

まず、この大きな丸の大半を占める部分にあるもの、これが**「大衆」**、いわゆる普通の人たち、です。ちょうど、洞窟の比喩で言うところの、「壁を見続けている人々」にあたります。

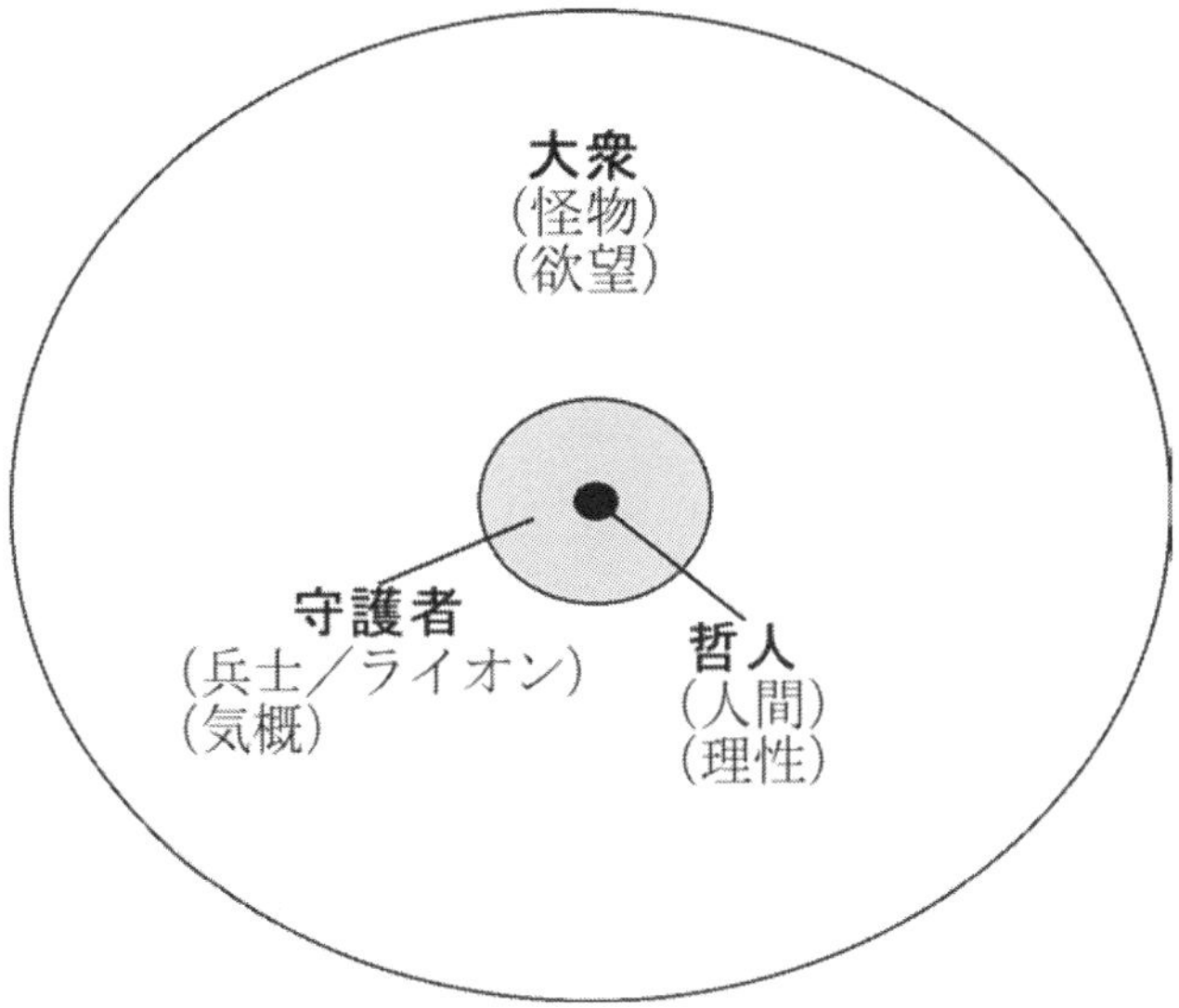

図2　プラトンが描いた、「社会（国家）の構造」＝「人格の構造」

実はこの部分は、例えて言うと**「怪物」**の領域だと言われます。

一方で、この真ん中の小さい点、これが**「哲人」**です。これを象徴するのが、怪物と対比される存在としての**「人間」**ですね。

そして、この哲人＝人間と、大衆＝怪物との間の領域にいる者たちが**「守護者（兵士）」**と言われます。これは、「ライオン」で象徴される存在ですね。

社会というのは、おおよそこんなもんだと言うわけです。

ところで、先ほどお話ししていた「洞窟の比喩」との関連で言うと、ここで言う大衆というのは、「壁を見続けている人たち」のことです。壁を見続けている人たちは何が正しいか、何が本当に美しいモノなのかが、何も分からない。だから怪物のようなもので、ただただ、自分の欲望のままに動いている。一方で、真ん中の哲人は何が正しく、何が美しいかを知っている。ここまでは、太陽と洞窟の比喩でも暗示されている構図ですよね。

だからこの比喩で重要なのは、「守護者＝兵士＝ライオン」の存在です。

先の洞窟の比喩でも、哲人が洞窟に戻ってきて、いろいろと教えようとするんですが、彼は大衆から全く理解されず、疎《うと》ましがられる。とりわけ、よかれと思って「こうすべき」だとか「ああすべき」だ等と、ホントのことを哲人が口に出してしまう。すると、大衆人たちは「うるさい‼」とばかりに反発をします。そして挙げ句には、哲人を弾圧し、最後には虐待し始めてしまいます。実際、歴史的にもソクラテスは時の権力者によって捕らえられ、死刑にされていますよね。これは文字通り、哲人がどれだけ正しいことを言っても、それが全く通じず、挙げ句には殺されてしまう宿命を持っていることを示しているわけです。

だからそこで重要となるのが、そんな欲望の塊《かたまり》の大衆から、哲人を守る「守護者」なのです。この守護者というものは、要するに「兵士」です。日本で言うと、武士、ですね。この兵士、武士が哲人を、大衆からお守りするわけです。そしてこの存在は「ライオン」に象徴されているわけです。これはちょうど、日本で言うと、昔の武士はお殿様を守り、武家全体が天皇をお守りしていた——という構造と同様です。

この比喩は、本当に、分かりやすい。

ある意味、「竹を割った」ような、ハッキリとした話です。社会は、怪物だらけであって、その中のごく一部に人間がいる、そして、その人間を守る少数の守護者＝ライオンがいる――「民主主義万歳！」な空気が蔓延《まんえん》している現代の日本では、こんなこと、なかなか言い出しにくいですよね。だって、民主主義で政治を支配している大多数の人々に向かって「お前たちは、怪物だ、何の理性も持たない、怪物なんだ」と言っているわけですから――でもこれは僕が言い出したことではなくて、プラトンが言っていることなんだ、ってことをご理解くださいね（笑）。

ところで少し話が変わりますが、プラトンの『国家』という対話篇で、なぜプラトンが国家の話をしようとしたのかというと、実は、彼自身は国家それ自体の謎を解き明かすためにその議論を始めたのではなく、もともとは「正しく生きるというのはどういうことか？」を考えたいがために、その長い対話を始めたんです。

そして彼は、次のような段取りを経て、その問いに答えるためには、「国家」について考えることが得策だ、と思い至るんです。

つまり、「正しく生きる」ということを考えるためには、まずは、「人間とは何か」を考える必要がある、一方で、「人間とは何か」を考えるにあたっては、人間よりももっとスケールのデカイ、人間と同じようなものを対象にして、あれこれを考える方が、より正確にモノゴトを理解することができるだろう、と彼は考えたのです。そして、**人間とそっくりなもので、か**

つ、**でっかいスケールなものとして、「国家」を取り上げ**、そして、その国家のあり方について、徹底的に考えていくわけです。

だから、この対話篇『国家』という大作では（日本語では、分厚い岩波文庫、二冊分、合計で1000ページ程度に相当します！）、そのほとんどが「国家」のことについて書かれてはいるのですが、それはあくまでも「人間とは何か？」「正しく生きるとは何か？」を探求する過程で書かれているに過ぎないんですね。

さて、プラトンはこうした背景の下、「国家を一つの人格」だと考えるわけです。だから彼が言っている、怪物とライオンと哲人というのは、人間の精神のそれぞれの部位に対応している。怪物というのが**「欲望」**です。いわば、人間精神の9割くらいが欲望で占められている、という次第です。だけど残りの1割くらいのところに、ライオン＝守護者の領域がある。それが**「気概《きがい》」**です。そして、その気概のさらにど真ん中にある小さい領域が**「理性」**です。

理性があって気概があって、欲望がある。これが人間の精神の姿であって、それと全く相似形として国家があるということなんです。

だからなぜ、哲学者たちは「万やむを得ず」政治なるものに赴いてしまうのかというと、この国、社会の中で、実際に頭を使って「物を考える」のは、もう私しかいないじゃないか――ということを、ありありと見て取るからなのです。だって彼以外、怪物ばかりで、しかも、最も自分に近い守護者たちだってライオンなわけですから、自分の頭を使ってややこしいことを考えることなんて期待できない——だとしたら、やっぱ、もう自分しかいないか——とあきらめの境地で政治の現場に赴いていくわけです。

だから、哲人政治、というのは、この怪物たちのことを全員食い物にしてやろう、なんていう発想は微塵《みじん》もないんですよね。

ところで、この「怪物」＝「大衆」に対する距離の取り方っていうのは、東洋と西洋でかなり違います。

西洋では、大衆人たちをホントに文字通り「怪物」扱いして、ほとんど人間扱いしない。そもそも彼等は「奴隷」という制度を、古代ギリシャの頃から使い続けていますよね。実際に、プラトンやソクラテスらの当時の哲学者たちにだって奴隷がいましたからね。それが近代の植民地主義とか、現代だったら（効率的な大企業を優遇し、非効率的な中小企業を冷遇する）新自由主義やグローバリズムへと繋がっているわけです。つまり、彼等は大衆を文字通り「怪物」と見なし、全く温情をかけない傾向が強い。

ところが東洋の僕らはもう少し優しいところはあります。日本人は、全員家族だ、という感覚を持っていますし、かの「村八分」だって、「二分」は、人間同士の付き合いの部分を残している。いわば、芥川龍之介の『蜘蛛《くも》の糸』の話のように、どんな人にだって、何らかの「救済の道」（蜘蛛《くも》の糸）が残されている。

――とはいえ、それはあくまでも「程度の差」。

基本的な構造というものは、大衆、守護者、哲人、という三階層で構成されている、という構造に、日本も西洋も本質的な違いはありません。

例えば、今の日本の政治は、しばしば、「衆愚《しゅうぐ》政治」と呼ばれたりしますよね。イメージや流行《はや》り廃《すた》りだけで選挙をやって、そこで選ばれた人気者が、好き勝手に政治をやり出す――そんな愚かな大衆による大衆のための政治をして「衆愚政治」と言うわけですが、そういう政治が、近年とみに、我が国日本を覆い尽くしているのではないか、としばしば指摘されています。

が、そういう衆愚政治とはまさに、この三階層の内の、一番大きな領域を占めている「大衆」が、実際の政治的権力を握って、好き勝手な政治を展開し出しているということを意味しているわけです。

というよりもむしろ、こういう構造を踏まえるなら、民主主義を導入すれば、衆愚政治が起こらない方がおかしい、とすら言えそうですよね。

なぜなら、社会の大半、9割程度までもが、欲望に突き動かされる大衆で満たされているわけで、理性や気概で動く人は、社会全体のごく一部でしかないからです。そんな状況で、**一人一票**の投票をすれば、当然ながら、理性や気概の政治なんて始められるわけはなくて、せいぜい、多数者の欲望に基づく政治しか始められないわけです。

で、もちろん「多数者の欲望」でもって政治なんてやりだしたら、その国は持たないですから、やっぱり、理性ある哲人でやっていかないといけないわけです。

そして、もし民主主義でやるなら、その成功のポイントはここにあるんだと思います。つまり、「哲人が民主主義で選ばれるかどうか」という一点に、民主政治の成否の分かれ道があるのです。首尾良く哲人が選ばれるならその民主主義は成功する。その哲人の理性に基づいて政治が運営されていくようになるからです。でも逆に、哲人が選ばれずに、**欲望の塊**《かたまり》のような人物（例えば、分かりやすい例で言うなら〝ヒトラー〟のような人）が選ばれれば、その民主政治は最悪なものとなることは必定《ひつじょう》です。

さて、ここで言われる**「理性」**とは何かというと、これは、プラトン流に言うなら、**「崇高なる神の世界**（彼はそれをイデア界と呼びます）**と繋がる能力」**のことです。そんな世界と繋がっていますから、本当に正しいこと、美しいこと、善なることを常にいとも容易《たやす》く見出すことができるわけです。そんな真善美を見出す力こそが「理性」ですね。

だから、理性は宗教的に言うと、宗教心、信仰心みたいなものと言っても、かまわないでしょう。理性も宗教心も、哲学も宗教も、実はほとんど区別なんてないものなんです。そもそも前回お話ししましたが、日本語で言う「政治」という言葉は、「カミと繋がる〝まつりごと〟を行いながら、俗世の問題を治めていく」というものである以上、それは既に宗教行為だということが暗示されていましたよね。あるいは、今申し上げたようなプラトンの「哲人統治説」が準拠する理性というものも、結局は神様と繋がる能力、あるいは「自分に与えられた神の破片のようなもの」と言うこともできるでしょう。

つまり、**宗教と哲学**、さらには**政治もあわせて**、この三つは、**それぞれ実践の形は違えど、その基本の基本のところではいずれも全く同じもの**なんだということができるわけです。

さて、このあたりから、プラトンは、より望ましい政治体制とは何で、より悪い政治体制とは何なのか、という具体的な政治の仕組みの話を展開していきます。

まず、最高に良い政治制度は「哲人統治」であると述べます。なぜなら、理性に基づいた真っ当な政治が実現するから、ですね。その次に、名誉支配制や寡頭《かとう》制等の仕組みがある。これらは、哲人統治が不能であるなら、限られた人材の中で、できるだけ哲人統治に近い政治をやっていこう、ということで考えられた政治の仕組みですね。

まぁ、ここくらいまでなら、政治の中に、「理性」を取り入れ、真善美の判断をどうにかこうにか下しながら、政治を進めていくことが不可能ではない。

しかし、それ以下の政治体制になってくると、理性を政治に反映しづらくなっていく。

そもそもプラトンは政治制度を五つに分類しているんですが、上に述べた三つの制度のさらに次の制度、つまり下から二番目の制度が何かというと、「民主主義／デモクラシー」だ言うのです。

戦後教育を受けてきた私たち現代日本人にとっては、「**民主主義はワースト2だ**」なんて話は、かなりショッキングかもしれませんが、そんなことは、2500年前から、政治哲学を巡る議論の中では、「常識中の常識」だったんですね。

つまり、民主主義なんて、「ロクなものじゃない」ってことがずっと言われてきていたのです（！）。

ただし、この民主主義よりももっと非道《ひど》いものがあります。

それがプラトンが考えた五部類の中の最悪の政治体制である、「独裁制」です。

これはつまり、欲望・俗情の塊の独裁者が、好き勝手に政治をやって、世の中をメチャクチャにしていく、という政治です。繰り返しになりますが、その典型が、ナチス・ドイツのヒトラーの政治です。

では、民主主義の方が、このヒトラーたちの独裁制より、なぜ幾分《いくぶん》「マシ」なのかというと――人々の心の中には、多かれ少なかれ、曲がりなりにも、「理性」が含まれているはずだから、です。

思い出してください。**大衆―守護者―哲人**という国家／社会の三層構造は、**欲望―気概―理性**という、一人の人間の精神の三層構造でもある、というのが、プラトンの主張でしたよね。ということは、誰の心にも、この三層構造があり、誰の心にも、多かれ少なかれ「理性」があるはずだ、という次第です。

ですから、上手に民主主義を運用することができれば、つまり、人々の精神の内に埋もれている「理性」を繋ぎあわせて、互いに「共鳴」させながら政治ができるのなら、それは、「哲人統治」と全く同じ政治を行うことが可能になりますよね。

だから、民主政治というものが目指すべきは、やはり、「哲人統治」なのであって、それができない限りにおいて、民主政治というのは、大きな問題を孕《はら》むものだと言わねばならないわけです。

では、そんな「民主主義における哲人統治」が容易かどうかというと――これは、難しいとしか言いようがないですよね。だって皆、莫大な量の欲望を持っているのだし、理性なんてホントにかけらも残してないかのように見える人々も大量に生きているわけですから――だからやっぱり、民主主義というのは、ワースト2のロクでもない政治体制だ、と言わざるを得ないわけです。

神谷：なるほど、正直に言いますと、私は政治に6年関わらせてもらっていますが、政治家になった当初は民主主義至上主義でした。民主主義じゃないと独裁になるから民主主義がいいんだと。しかし実際政治の世界を6年経験して、民主主義はまずいぞと感じるようになっています。確かに危機感を持つようになりましたね。

テレビや新聞の論調で右往左往する日本の民主主義政治を体感して、確かに危機感を持つようになりましたね。

少なくともプラトンが警告しているように民主主義というものにはこのような危険性が潜んでいるということを理解しながら民主主義と付き合わない政治家は非常に危険だ、と断定していいでしょう。例えば、選挙で勝った政治家が「だって僕は選挙で信任を受けたんだもん、だから何をしてもいいんだもん！」なんて言い出したとしたら、そいつは絶対に許してはならない悪人です。

一方で、有権者の方も、もちろん自由に選挙に行っていいんだけど、いろんなことを知ってから行ってもらいたい、と思いますね。プラトンくらいは一回読んでもらいたい、でも、それって結構、面倒ですから、少なくとも、ここで言っているようなお話をちょっと聞いてから行ってもらいたい！　って思いますね（笑）。何と言っても、このあたりの議論は、単なる「たしなみ」としての最低限の教養程度のものなんですから。

第5回

民主主義はスグに最悪になる

〜多数者の専制〜

前回は、国家、あるいは、私たちの精神というものは、ほとんどが「怪物＝欲望」で、1割くらいが「ライオン＝気概」で、その真ん中に、ほんのわずかな量の「哲人」としての「理性」があるということを申し上げました。そういうのが国家というか社会の姿なんだと、それと同時に我々の精神なのだということをお話ししました。だからこそ人間においては理性を大事にしながら生きていかないといけないし、国家においては哲人を中心に政治を動かしていかないといけないですよというのが、プラトンの議論なわけです。

そして、そこから派生的に出てくる議論として、次のようなものがあります。

つまり、そういうような状況だから、**「全員が一票を持って、理性とは無関係に怪物は怪物の投票をする、というような格好で民主主義をやれば、とんでもないことになる」**ということが必然的に予想されることになるわけですね。だから、長い歴史の中で、民主主義というのは、決して善い制度だとは見なされてこなかった。どちらかと言えば「悪い」ものであった。どことなく良いものだと言われるようになったのは、ここ最近の、100年、200年くらいの間だけなんですね。

で、何にしても、多数決なんかで決めるのは正当な政治ではなく、真・善・美についての美意識や理性でもって進めるべきものが政治なのだ、っていうことは、ヨーロッパの上流階層の人々にとっては、**常識中の常識**だったわけです。だから、ヨーロッパ文明っていうのは、多数決、民主主義ではなく、あくまでも、「真善美を目指す」という、プラトンの政治哲学を軸として築きあげられてきた、と言えるわけです。

でもそれは、ヨーロッパだけの話じゃない。日本だって、全く同じ構図があった。

そもそも、江戸時代の「士農工商」の階級制度がありますが、この「士」というのは、守護者、ということです。では何を守っていたのかと言えば、もちろん、「お殿様」ですが、さらにその中心におられたのは、紛うことなき「皇室」ですよね。もちろん、日本の場合は、農工商の人たちを「怪物」と呼んだりはしなかった。でも、「士」や「皇室」が持っていた西洋哲学で言うところの「理性」は、農工商の人たちとは比べものにならないくらいに、濃密だった。例えば「士」で言うなら、その理性は、「武士道」というような格好で伝えられていたわけですね。

こう考えれば、日本であろうがヨーロッパであろうが、プラトンが考えた「理性―気概―欲望」の三層構造を前提にしながら、政治の仕組みがつくりあげられていたのだ、ということが分かるでしょう。

少なくとも「近代」という時代が訪れるまでは――。

しかしやはり、19世紀くらいから、そういう政治の体制が崩れてくるわけです。ドンドンと「民主主義」のノリに社会が変わっていってしまう。

つまり、ドンドン政治の現場で「怪物」が歩き出します。そしてそんな「怪物」が社会を支配していくような状況になってきたのです。

当時の哲学者たちは、その状況を目の当たりにして、このままでは、自分たちの社会も国も、そして、世界もまた、メチャクチャなことになっていくに違いない――そう直感していきます。そして、彼等は、このまま民主主義が野放図《のほうず》に放置され、それが暴走すれば、とてつもない破壊が進行してしまう――と、強い「警告」を発し出します。

今日はこの「警告」のお話をしたいと思います。

150年くらい前から、今日のような、「民主主義の害悪」が顕在化《けんざい》していきます。その時言われたキーワードが「多数者の専制」です。

普通、「専制」というと「暴君」(悪い王様)がやるものです。つまり、「怪物」で精神が満たされ切っているような人物、そいつが、何の因果か、政治のど真ん中に躍《おど》り出て、好き勝手に政治をする、という状況を「専制」と言うわけです。

ちなみに、哲人が支配者になるのは、哲人統治です。こういう「善の独裁」は、政治哲学上、最も好ましいものと見なされるわけですが、その真逆の「悪の独裁」は、政治体制の中でも**最凶最悪**なのです。

つまり、政治の哲学では「システムのあり方」でもって政治の善悪を論ずるのではなく、「統治者の資質」でもって政治の善悪を論ずる、というのが、王道なんですね。

でも最近は、政治を巡る議論で「兎に角、政治の仕組みを変えなきゃいかん!」なんていう議論を耳にすることが増えてしまいました。でもそういう議論は、政治の哲学の王道から逸脱《いつだつ》したものに過ぎません。もちろん、選挙制度などのシステムの改変は重要な意味を持つことはありますが、何よりも大切なのは「誰が政治をやるのか」ということなんです。いわゆる「**政治家の資質**」という奴です。どんなシステムであろうと、立派な政治家がいれば良い政治ができるし、ロクでもない政治家であれば、結果はメチャクチャになる。どれだけ立派なレーシングカーであっても、ドライバーがロクでもなければ、どうにもならないのと同じです。

さて、そういった「暴君」による「専制」の問題は、２０００年以上前から政治学の中で問題にされ続けてきたのですが、ここ最近、「民主主義の到来」と共に、新しいタイプの問題が生ずるようになったのです。

それが、「多数者の専制」というものです。これは、一人の暴君による専制ではなく、民主主義だからこそ起こってしまう、多数者が横暴にメチャクチャに振る舞うことによって生ずる専制、という問題です。

これを最初に言ったのは、フランス人のアレクシ・ド・トックヴィルという政治思想家。彼は『アメリカの民主政治』っていう分厚い本（日本では三分冊で売られています）をまとめたのですが、彼は、19世紀中盤、フランス人として、（18世紀後半に独立した）アメリカに視察に行きます。そして彼は、アメリカの状況を目の当たりにして、たいそう驚きます「なんじゃこりゃ？　無茶苦茶じゃないか！　多数者が〝専制〟をしておるではないか!!!」。

どういうことかというと、元首たる大統領はいるんですが、とにかくいろんなところで、

「無責任でいい加減な民主主義」がはびこっている。その大統領も、民主主義で決める。その民主主義の主人公たる民衆の民度が高く、プラトンが言うところの「理性」でもって、政治に参画《さんかく》しているのならばもちろん何の問題もないのですが、どうやらそういうわけでもない。大多数の人々が、理性でも気概でもなく、ただただ「欲望」でもって政治に関わろうとしている。しかも、政治に関わるならそんな欲望で関わっているようじゃダメだ、というような、政治の哲学上の「常識」も共有されていない。ただただ人々は好き勝手な意見を言いあって、好き勝手な主張をしている。

しかも恐ろしいことに、「新聞」なるマスメディアが広まり、皆がそれを読んでいる。もともと民度が低いものだから、何が正しいか間違っているかというような判断能力は民衆の側にほとんどない。だから、そんな新聞に「こうすべきだ！」というようなことが書いてあったら、多くの人々が「そうだそうだ！」となってしまう。しかも「皆」が新聞を読んでいるもんだから、「皆」が同じような論調になっていく。そして恐ろしいことに、新聞を書いている方の民度も不十分だし、しかも商売でやってるもんだから、新聞に書いてあることそれ自体がもうデタラメなものばかり。そうやって、デタラメな意見に基づいて「世論」がつくりあげられれば、政治が激しく歪《ゆが》められていく。通常の「専政」であれば、政治的な策略やらクーデターやら暗殺やらで、兎に角暴君一人を代えれば、専制は終わります。でも、多数者の専制は、大量の怪物たちが専制をやっているわけですから、クーデターを起こそうが何しようが、それを終わらせることは「無理」なんですね。

だから！

多数者の専制に完全に陥った国家は、もう二度と復活することはあり得ない、ということになるわけです。だからこそ、トックヴィルは、「アメリカは本気でやばい！」と強い警告を発するわけです。で、そのために書いたものが、この『アメリカの民主政治』という本だったんですね。

さて、その本が出版された後、その本がヨーロッパでたくさんの知識階層の人々に読まれます。そんな読者の中の一人がジョン・スチュアート・ミルでした。彼は、トックヴィルの本に痛く感銘を受け、トックヴィルの思想をそのまま引き継ぎながら、「多数者の専制に陥らない、真っ当な民主主義とは一体いかなるものなのか？」を真剣に考え始めていくわけです。そして、彼の考えを、『代議制統治論』だとか『自由論』だとかにまとめていきます。

ちなみに、そんなミルの本を読んだのが福沢諭吉で、それに触発されて書いたのが、かの『学問のすゝめ』、そして、その福沢諭吉の本を読んだのが我々のひいじいちゃんあたりの日本国民だったわけです。だと考えると、私たちと、トックヴィルは、福沢諭吉やミルを通して一直線に繋がっているんですね。

さて、ミルが、『代議制統治論』という本の中で、次のように論じます。

まず、彼は民主主義がいいんだと言います。なぜなら、人々の民度が高まるには、一定の責任感が必要だから、民主主義はいい仕組みだ、逆に、何の責任もなければ人々の民度は下がり放題に下がってしまう、だから、民主主義で自覚ある国民をつくりあげ、善い国をつくっていくんだ、という次第です。おそらくこれって、今の日本でもよく言われる話ではないかなと思います。

だけど、ミルの主張はここではとどまらない。彼は次のように主張するのですが、それは、ほとんど今の日本では引用されない。けれど超絶に重要な部分です。

彼は確かに民主主義をいいと言うのですが、「直接」民主制は絶対にダメだ、と主張するのです。なぜなら、政治というものは高度に複雑な専門知識を必要とすることが多いからです。一人の国民が政治の全ての項目を詳細に知り尽くすことは不可能であって、それは、誰か専門的な知識を持っている人々に委ねるべきだ、と彼は主張します。

そこで彼が主張するのが「代議制」の民主制です。つまり、「間接民主制」ですね。

このように、彼は、一定の留保をつけながらも、民主制というものを基本的に大いに弁護するのですが、そんな彼であっても、やはり最も恐れていたのは、トックヴィルが言った「多数者の専制」だったんです。

彼は、民主主義というものは民度を高めるために必要ではあるが、民主主義のやり方を間違えば、「多数者の専制」という、史上最悪の状況を導いてしまうかもしれない、だから、民主主義というものはいい側面もあるが、極めて危険なものでもある、と強く警告するんですね。だから彼は、民主制をやるにしても、最低限、「間接」的なものにとどめておかなければならない、という立場を取ったわけです。

つまり、**民主主義の本拠地であるイギリスで、その民主主義が確立したまさにその時に、「多数者の専制は避けなければならない」という、民主主義の危険性もまた同時に強く認識されていたわけ**です。でも、この民主主義の「危険性」についての認識は、今の日本ではほとんど知られていないのではないでしょうか？

そんな視点で、福沢諭吉の『学問のすゝめ』を見てみると、そういったミルの思想が随所に埋め込まれている。民主主義でやるのなら、一人一人怪物であってはならない、もしそんなことをすれば、日本はメチャクチャになってしまう——そういう警告が随所に埋め込まれている。だけど——諭吉のそんな思いも、今となってはほとんど忘れ去られてしまっているように思います。民主主義と言えば、かけ値なしに「兎に角、善いもんだ！」と礼賛する風潮が強く、少しでも民主主義に疑問を提示するようなことを言えば、「お前は全体主義者か！　反動主義者か！」などというワケのワカらないワケワカなツッコミを入れられてしまうような状況にあるのが、今の日本だと思います。

まぁいわば、多数者の専制が、トックヴィルから2世紀近くの時間を経て、この極東の島国日本で完成しつつある、ということなんでしょうね（苦笑）。

いずれにしても、民主主義って、近代が産み出した「自動車」のような側面があるわけですね。便利だけど、うまく使わないと、交通事故で毎年数千人も数万人もの事故死者が出るわけです。だから本当は、誰も車なんか使わないで、皆でゆっくり歩いて暮らせるような町をつくることが一番いいように、政治だって本当は、民主主義なんかでなくて、立派な哲人がいて、哲人統治でやるのが一番いいんだ、っていうことを基本中の基本として理解することが必要なわけです。で、その上で、なかなかそんな立派な哲人はいないので、仕方なく、民主主義やっているんだ――という、少々残念な気持ちで、民主主義を眺めてもらいたいと思うわけです。

だから、例えば小さなコミュニティの中とかでは、「残念な仕組み」である民主制なんてやめて、小さな「哲人統治」を目指してみてはどうだろうかと思います。実際、立派な家族や立派な会社、そして、立派な集落などでは皆、平板な民主主義などでなく、もっと暖かみがあって、かつ、ぴりっと一本筋の通った「プチ哲人統治」が行われているんではないのかと思います。そういうものこそがホントの理想に近いんだ、なんていう「解釈」を持つためにも、基本的なたしなみとして、プラトンの哲人統治説と、トックヴィルの多数者の専制という二つの基本概念くらいは、日本国民の投票に行く人は全員知って欲しいなと思うんですね。

第6回

政治家は真っ当なビジョンを指し示すものです

~代議制統治論~

ここまでは、「哲人統治」が政治の王道だけど、それができない場合、民主制をせざるを得ないケースが出てくる、ただしその場合には、「多数者の専制」という最悪の事態を招きかねないので、少なくとも「代議制」つまり「間接制」で民主制をするというのが、現実的な方法論となる――というミルのお話を致しました。

今回はこの「代議制統治」のお話をしたいと思います。

代議制統治、と言えば、議会があって、その議員さんを選ぶのに選挙をする、という制度です。今の日本が、まさしくこの制度を採用していますよね。国会議員を選んだり、市会議員、町会議員を、定期的に選ぶ選挙に行っていますよね。

で、この「選挙」というものがちゃんとできるためには、やはり、人々が「怪物」に支配された、私利私欲だけに支配された人々であっては、困ります。欲望を持っているのは、人として当然ですが、それ以外に、ちゃんと「理性」もなくては困ります。つまり、ある程度は「モノの道理が分かる」ような人たちじゃなきゃ、選挙なんてきちんとできない。

そんなモノの道理が分かる、ある程度の理性をバランス良く持っている人々のことは、しばしば「庶民」とか「公民・公衆」と呼ばれます。庶民っていうと、伝統的な英知を湛《たた》えた人たち、というニュアンスですし、公民・公衆というと、公的な精神、公共心を湛えた人、っていうニュアンスになります。理性は伝統に宿りますし、自ずと公共的な配慮をもたらしますから、庶民も公民・公衆も、理性を持っている、というわけですね。

一方で、そんな理性のない、怪物な人たちのことは、政治哲学ではしばしば「大衆」と呼ばれたりします。

で、選挙をする時には、人々が怪物的な大衆であっては絶対にならない、公的なスピリット、公的なマインド、公的な意識に基づいて代議士を選ばないといけない――これが、代議制統治が成功する最大の秘訣ですね。で、そうやって選ばれた代議士たちが、庶民、公民の代表として、いろんなテーマについて話し合いながら、政治を決めていくわけです。

では、庶民は、どういう基準で代議士を選べば良いのでしょうか？

ここで、重要となるのが、やはり、政治の哲学です。

思い出してください。政治の哲学の基本中の基本は、「哲人統治」でした。つまり、ものの道理が分かる人、善悪、美醜の判断がつき、偽・醜・悪を避けて、真・善・美を選び取ろうとする「理性」のある人、それが哲人でした。ですから、候補者の中で、そんな理想の哲人に近いのは誰か、という基準で選ぶのが基本なんです。逆に言うなら、そんな哲人の真逆のヤローはドイツなのか（笑）、という基準でそんな奴を見出し、そいつを何とか落とそうとするのが選挙というものなんです。

つまり、誰が賢いかとか、誰が派手だとか、誰がオモロイかとか、さらには、誰が政策をよく知っているかとかで選ぶのが選挙なのではない、ということです。「ロクでもない候補者ばっかりやけど、しいて言うたら、この人がまぁ、哲人にちょっとは近いかな、ものの道理をある程度わきまえた人なんじゃないかなぁ」っていう基準で投票するわけです。そうやって選ばれた人たちで政治をやりましょう、っていうのが、ジョン・スチュアート・ミルが考えた代議制統治論なのですね。

で、こういう風な選挙で代議制統治を進めていけば、最悪の「多数者の専制」を防ぐことができる。つまり、多数者の専制を防ぎつつ、哲人統治にできるだけ近い政治をしよう、ということで編み出された具体的な方法が、この「代議制統治」「間接民主制」なわけです。

この方法は、今、世界中の民主国家で採用されています。日本ももちろんそうですが、直接民主制の国と言われるスイスですら、実は、一部、直接民主制が入っているだけで、基本的には代議制統治を使っている。

さて、この代議制統治論を論じたミルは、その本の中で面白いことを言っている。おおよそ、近代国家になってくると、選挙で選ばれた代議士で構成される「議会」と、そこで決められた方針に沿っていろんな行政の仕事をする「行政」とが、ある程度独立して存在しています。この「議会」と「行政」の関係について、次のようなことを言っています。

「（選挙で選ばれた人による）行政に対する干渉は、誠実な意図《いと》を持つものであっても、ほとんど常に有害である」と言っているんですね。

これって、スゴクないですか？

今だったら、例えばある市長さんは、「選挙で選ばれたんだから、私には行政を改革する権限がある！」と言って、様々な改革を進めたりしていますよね。同じように、中央政府だって、ある政権下では、圧倒的な民意の支持を受けつつ、徹底的な構造改革を断行していったり、またある別の政権では、徹底的な「事業仕分け」なるものを断行していきましたよね。

でも、ミルから言わせれば、そんな地方や中央政府の改革は「ほとんど常に有害」なわけです。しかも、仮にそういった首長や首相たちが、市民や国民のために「よかれ」と思っていたとしても、やっぱり「有害だ」と断定しているんですね。

これはなぜかというと、公共行政の各部門は熟練を要する業務だからなんです。

例えば、僕は今、政府で地震防災、国土強靱化の仕事をしています。その関係で、本当にたくさんの官僚の方々の話を毎日聞いている。エネルギーや建築、土木、医療、防衛など、実に様々な領域がありますが、それぞれの現場には、話を聞くまでは全く知らなかったような実に複雑な事情が山のようにある。一見、ムダのように見える仕組みや取り組みの中にも、よくよく話を聞いてみると、大変に合理的な理由があったりする。

だから、当方のような、それぞれの領域のプロからすれば「シロウト」のようなものが、ロクに現場のことも知らないで、好き勝手に「カイカクだ！」なんてやっちゃうと、現場はメチャクチャ、その結果、人々の暮らしもメチャクチャになる、というのがほとんどです。だから、「干渉は誠実な意図を持つものであっても、ほとんど常に有害」なわけですね。

でもこれは、政治家は、行政に一切口出しをするな、と言っているのではない。もしそうだったら、選挙をした意味が全くないですよね。そうではなくて、政治家は、**行政の大方針やビジョン**を指し示し、行政機構を上手に操縦すべきなのだ、ということを言っているわけです。

いわば政治家というものは、レーシング・ドライバーです。だから、運転をしっかりとしないといけない。でも、エンジンだとかタイヤだとかの細かいことに、いちいちドライバーごときが口出ししても意味がない。そんな細かいことは全て技術者たちに任せておけばいい。あるいは、政治家はオーケストラの指揮者です。クラリネットやピアノの技術は、皆その筋のプロのプレーヤーに任せればいい。全体を指揮しながら、そこはもう少し力強くとか、そこは軽やかに——という程度の指揮をすればいいわけです。

つまり、政治家というものは、「政策を知っているかどうか」を基準に選んではいけないんです。技術者がドライバーになっていたり、単なるピアニストが指揮者になってはいかんのです。政治家は、「哲人チック度合い」がデカイかどうかで選ばれるべきなんです。

もちろん、政治家は、政策のことを知っていてはいけない、というわけではない。知っていた方がいいし、ある程度は知っているべきでしょう。その方がよりきめ細やかな政治ができるからです。でも、大事なのはやはり、全体の指揮統括です。場合によっては、選ばれた後に、現場のことをいろいろと勉強していけばいい。おおよその「大局観」があれば、細かい現場の話なんて、少々勉強すればスグに分かるものです。しかも政治家になれば、優秀な官僚が山ほど身の回りにいるわけですから、彼等に話を聞けばいい。

あるいは、官僚のレクチャーだけでは不安だったら、有名な大学の先生なり何なりを呼んで、1時間でも30分でも話を聞けばいい。

万一、官僚や有名な大学の先生たちの話が、皆「間違っている」としましょう。でも、もしも、その政治家が「哲人」であるなら、彼は、官僚や専門家の言説が全て間違いであるということを、瞬時に見て取るでしょう。なぜなら、真善美の判断がつくのが、哲人なわけですから。

実際——これはあくまでも、僕個人の見解ですが——今日の主流派の経済学は、驚くべき誤りに陥っている。政治学会だって、驚くほどに政治の王道を見誤っている。哲学会だって、哲学の王道を見誤っている学者が驚くほど多いし、より実践的な国土計画に関する学会だっておよそ間違っている。そして、それらの間違った学者の言説に、多くの政治家たちがたぶらかされ、間違った主張を繰り返し始めている。

これは大変に恐ろしいことです。

ですがもしも政治家が本当に「哲人」であるなら、学会の主張なんて、全部無視をすればいい。そして日本中、あるいは、世界中探し回って、真っ当な言説を吐く経済学者なり政治学者なり、国土計画学者なりを連れてきて話を聞けばいい。

そして、真っ当な学者の意見を聞きつつ、そして行政の現場で起こっている様々な細かい事情をしっかりと聞きながら、全体の指揮をしていく——これが、「代議士」がやるべき仕事です。

神谷：前回「多数者の専制」というお話をいただきましたけど、サイトの書き込みを見ると「少数者の専制」もあるじゃないかと指摘がありました。例えば今、私は自民党ですけど、自民党の全ての政治家が、良識を持って哲人政治を目指しているとは言えません。哲人が政党内の多数決で敗れてしまうこともありますし。そんな場合は指摘のあった「少数者の専制」にあたるのではないか、というご指摘かと思いますが、いかがでしょうか？

なるほど。でも逆に言うと、そういう政治家を選んだのは大衆なのですから、それもまた、「多数者の専制」の一つのバージョンだと言えますよね。先ほど申し上げた某市長の振る舞いなんかを思い出してみればいい。彼はたった一人で、少数者ですが、彼を選んだのはその市の市民だったんですから、結局はそれも多数者の専制そのものになるわけです。だからそれは少数者の先制とは言えません。

「少数者の専制」というのがもし現代においてあるとすれば、それは官僚機構が政治家を常に特定の方向に誘導していく、というパターンですね。例えば、総理や首長の耳元で、一部の官僚が毎日特定の政策をささやいて、洗脳していき、それを通して政治を動かしていく——というようなケースですね。そういうコトはもちろん起こり得る。でもそれでもやはり、きちんとした哲人系の政治家がいたら、そんな少数者の専制という、一部の官僚の暴走を止めるはずです。そして、そんな官僚たちを、「正しい」方向に導いていくことができるでしょう。そもそもきちんとした理性があれば「洗脳」されるなんて愚《おろ》かなコトが起こるはずがないわけですから。

ところで、そんな一部の官僚による「少数者の専制」は、例えば、洞窟の比喩で言うなら、焚き火の前で、モノを動かして影をつくっていた存在、いわば「デーモン」による支配、と言えるでしょう。壁を向いた人々は、デーモンがつくり出す「影」を見て、ああだこうだと言っている。だからそのデーモンは、人々を操っているわけです。でも哲人は、そんなデーモンの所業《しょぎょう》を理解している。しかも、彼が政治に携わるのなら、そんなデーモンに指揮命令を下すことができるわけです。だから、哲人ならば、そのデーモン（この場合は官僚機構）の肩をたたいて、「いやいやその紙の動かし方は違うだろう」と言いつつ、「こういう風に動してもらいたい。是非、こういう方向で皆さんの実力を使ってもらいたい」と指揮することができるはずですよね。

だからやっぱり、政治においては哲人が選ばれなければ、どうしようもなくなるわけです。少数者の専制も放置してしまう。逆に言うと、「多数者」が、そんなこともできないような輩を政治の世界に送り込んで、その結果、そんな少数者の専制を放置するような状況をつくっちゃったのなら、それもまた結局は、ある種の多数者の専制と言えなくもないでしょう。

神谷：よく分かりました。哲人になるべきは、官僚とか組織に騙されなかったり、時には自分の入っている組織の結論に異を唱えたり、外国の勢力から調略《ちょうりゃく》されそうになってもはねのけたり、ということができる人ですね。

そうです。これはもうプラトンからミルまで一直線に繋がっている話ですから、当たり前中の当たり前の話であって、古今東西全てにおいてこうでなければならない、という話なんですね。

コラム 4

強い日本をつくろう！

世の中には、ウソつきで詐欺師である「政治屋」がいます。ご注意ください！
～小泉純一郎、橋下徹、そして安倍晋三論を論ず～

選挙にでてくる立候補者には、次の二種類に分けることができます。

・政治家・
政治屋

よく似た言葉ですが、この両者は全然違います。

まず、「政治家」、というのは、日本をよくするため、地域をよくするため、国民を幸せにすることといった、至極当然の目標を掲げ、そのために様々な努力をする人です。**ソクラテスやプラトンが言う「哲人」こそが、「政治家」と呼ぶべき人々**だ、ということになります。

一方で、「政治屋」というのは、「政治家」とほとんど同じようなことを言うし、一見すれば政治家との区別がほとんど付きません。

しかし、そんな政治屋さんたちの内面は、政治家のそれとは全然違います。

彼らは決して、国民や国家のことを考えていません。微塵《みじん》も考えてはいない、と言っていいレベルの人もたくさんいます。でも、政治家になれば、「有名になれる」「エラソーにできる」「オカネが儲かる」等の、あくまでも「私的」な理由で、政治家になりたがるのです。でも、彼らは、そんな私的な理由を口にしてしまえば、絶対に選挙になんか勝てないですよね。だから、彼らは口では、「国民のため」「国家のため」「皆さんの暮らしのため」などという美辞麗句《びじれいく》を並べ立てることになります。

つまり、彼らは、「国民のため」といいながら、自の利益を拡大しようとするわけです。したがって彼らは**必然的に「ウソ」をつかざるを得なくなる**わけです。

そして、「ウソをついて他人をだまして利益を得る」という行為は、紛うことなき「詐欺」です。

したがって、政治家と違う**政治屋の本質は、「ウソつき」の「詐欺師」であることは論理的必然**なのです。

プラトンやソクラテスが、政治家になろうと思う人間は絶対に政治家になってはいけない、政治家になんて絶対になりたくないと思う哲人だけが政治家になる資格があるのだ――と言ったのは、まさに、こうしたウソつきの詐欺師である政治屋が政治に関わることを排除するためだったわけです。

しかし、政治屋たちは、まるで砂糖に群れるアリのように、「議員バッチ」や「首相官邸」に集まる利権や名声や地位欲しさに、ほとんど何の罪の意識も感じないままに、平然と有権者にウソをつき、まんまとうまく「議員」や「知事」や「市長」や「大臣」になり果せているわけです。

そんな政治屋の心情を、最もストレートに表現したのが、元大阪市長・知事で、現在弁護士兼評論家の橋下徹氏でした。彼は、政治家になる直前に出版した著書『まっとう勝負』で次のように記述しています。

「政治家を志すっちゅうのは、権力欲、名誉欲の最高峰だよ。自分の権力欲、名誉欲を満たすための手段として、嫌々国民のため、お国のために奉仕しなきゃならないわけだよ。別に政治家を志す動機が、権力欲や名誉欲でもいいじゃないか！　嘘をつけない奴は、政治家と弁護士にはなれないよ！　嘘つきは、政治家と弁護士の始まりなの！」

歯に衣着せぬ「橋下節全開」と喜ぶ読者もおられるのかもしれませんが、これほど、政治哲学で論じられてきた「政治屋」を明確に宣言する文言を見たことがありません。この文章から明らかな通り、橋下氏はプラトンやソクラテスが最も邪悪なものとして全力で否定しようとした政治屋を、あろうことか全肯定しているわけです。事実、橋下氏は、少なくとも知事や市長時代の発言に大量の「ウソ」が含まれていたことが様々な識者から指摘され続けましたが（詳細は、拙著『**デモクラシーの毒**』などをご参照ください）、その政治屋としての姿勢は首尾一貫していると言えると解釈できます。

あるいは、**小泉純一郎氏**もまた、典型的な「政治屋」的政治家でした。彼は徹頭徹尾、国民国家の利益とは何かを考慮の外に置き、ひたすらに自らの「信念」にしたがって改革を推し進めようとするタイプの政治家でした。もちろん、その「信念」がソクラテスやプラトンが論じた哲人としての信念であればよいのですが、それとは無関係に一切の議論や考察を拒否し、結論ありきで全ての政治運営を行った方でした。事実、彼の行った代表的な郵政民営化によって、郵政サービスレベルは大きく下落し、国益が大いに傷ついてしまったのでした（詳しくは、拙著『**維新・改革の正体**』等をご参照ください）。

そして、2012年から少なくとも本書執筆現在（2020年1月）に至るまで総理大臣を務めている安倍晋三氏についても、様々な論者から、哲人と言うよりもむしろ政治屋であると指摘可能です。やはり彼もまた、日本国家の利益というよりも「長期政権を維持する」という事を政権運営の最上位目的におき、そのために「どういうことを国民にやって見せることが得策か」、さらには「どういう情報を隠ぺいすれば得策か」だけを考えていると、多くの論者から指摘されています（詳しくは、表現者クライテリオン令和元年『**安倍晋三　この空虚な器**』をご参照ください）。

ところで、「政治屋」である（あるいはあった）と指摘されてきた以上に紹介した小泉氏、橋下氏、安倍氏の特徴は、共通して以下のものとなっています。

（1）**ウソ（および詭弁《きべん》）が多い**（これは、政治屋の基本的特徴です）

（2）**主張している政策が皆、矛盾している**（もともと、主張する政策は、国民のためのものではなく、自分の都合によいものだけを無作為《むさくい》に取り上げているだけなので、当然ながら一貫性はありません）

（3）**事後検証をすれば、行った政策のほとんどが実際の公益が毀損《きそん》していることが明らかになる**（もともと、デタラメな政策を主張しているだけなので、当然ながら何の成果も得られず、結果的に公益を毀損します）

（4）**しかし、人気はある**（民主主義国家における政治屋は、人気が無ければ彼らの私的な目的を達成することはできない。だから、彼らは全力で人気を取るために最善のことばかりを行う。そのために、ウソをつくし、詭弁を弄《ろう》するし、メディアも操作するし、情報も隠ぺいするし、場合によっては都合の悪い情報源を弾圧します。むしろ、ここに挙げた成功する政治屋たちは、政治屋としての成功者たちなので、人気があることは自明とも言えます）

……さて、今の日本では、これからどんどん新手の政治屋たちが現れてくることは必至です。ついては、世の中には、上の（1）～（4）の四つのおぞましき特徴をもった政治屋たちがいるんだということをご理解いただいた上で、それぞれの政治家をしっかりと、皆さんの目で、ご評価ください。

相手は何といっても詐欺師なわけで、騙《だま》すプロなのです。ですから是非、騙されないように。

第7回

真っ当な政治家が誰かは真っ当な知人に聞け

～常識の力～

哲人統治こそが、政治の王道、だけどそれが難しい場合は、真っ当な政治家を選ぶ、ということを前提にした「民主主義」でやっていくしかない――これが前回までのお話でした。

今の私たちにしてみれば、「民主主義」が当たり前で、プラトンが言うような哲人統治なんて、あり得ない――という感覚かもしれません。しかし、長い歴史の中で、民主主義を採用し出したのは、極々最近のことなんですね。ちょっと昔まで、非民主的に、哲人統治を目指そう、とするのが、当たり前だったのです。

この点について、プラトンが非常に面白いことを言っている。「時間が経つにつれて、哲人統治の時代から、民主主義の時代へと、徐々に**退化・劣化**していくんだ」と。

プラトンの時代よりもさらに前の時代、ギリシャには哲人統治をなさんとした王が、たくさん生きていた。ところが、そんな政治が徐々に崩れ、名誉ばかりを重んずるようになり、複数人の合議で政治を行うような体制が築きあげられ、挙げ句に、投票で政治家を決める民主制が始められるようになった。そして最後には、そんな民主制の中から、まさにロクでもない、哲人とはかけ離れた暴君が生まれていった――そんな時代の変遷を、プラトンは語っている。つまり、時間の経過と共に、政治体制は哲人統治からより劣ったものへと「退化」「劣化」していく様子を、プラトンは描写しています。

実際、我が国日本も、まさにそんな風に「退化」「劣化」する歴史をたどっています。例えば、日本の江戸時代、上杉鷹山《うえすぎようざん》という名君がいた。彼のことについては、内村鑑三《うちむらかんぞう》の『代表的日本人』という（僕の大好きな）本の中に、彼が領民のことをどれだけ深く慮《おもんぱか》ったのかが詳しく書かれている。彼は民主的に選挙で選ばれたのではない。世襲でお殿様になっただけの人でしたが、子供の頃から、名君としての振る舞いを徹底的に教えられ、そして、その地の王として、哲人統治をなさんとしたわけです。

こうした話は、上杉鷹山に限らない。様々な土地の様々なお殿様が、そんな風にして哲人統治を目指した。さらに時代をさかのぼって、朝廷が実権を握っていた頃、多くの天皇もまた民のために様々な政治を行っていた。彼等は皆、「哲人統治」を目指していたわけです。

ところが、明治、大正、昭和、そして平成と時代を経るにしたがって、徐々に哲人統治は失われていった。その代わりに、登場したのが、民主主義です。そして今や、「その場のノリ」で選挙をするような「人気投票」に基づく民主主義が実現してしまっている。

つまり、プラトンの世界観に従うなら、政治は「進歩」するのではなく、「退化」していくということになるわけで、実際、我が国の歴史も、ギリシャの歴史も、プラトンの言うように「退化」の歴史そのものだったわけです。

これは、さらに面白いことに、物理学の法則にぴったりと符合します。物理学の中に「熱力学の第二法則」というのがあります。これは、エントロピーというものが、時間が経つにつれて、不可逆的に増大していく、という法則です。このエントロピーというのは、「無秩序さ」「メチャクチャさ」を意味します。つまりそれは、時間が経てば、秩序だったものが徐々に崩壊していって、だんだんメチャクチャになっていく、という法則です。この法則はしばしば「エントロピー増大の法則」と言われるんですが、プラトンの言った政治体制の変遷《へんせん》というのは、文字通り、この「エントロピー増大の法則」そのままのお話ですよね。

実はこういった世界観は、他の哲学者も言っている。例えば、シュペングラーの『西洋の没落』という本があるんですけど、あれは文明というのは、基本的に春、夏、秋と変遷し、最後に「冬」になって、「ダメ」になっていく、と論じています。つまり、日本もヨーロッパも、一旦栄えた国は、後は、坂道を転げ落ちるようにダメになっていくというわけです。

このイメージは、プラトン、シュペングラーのみならず、熱力学的にも共有されたものなんですね。

だとしたら、我々にできることといえば、そうやって「ダメ」になっていく速度を鈍らせて、ダメになってしまうのを一秒でも遅らせていく、俺らの代だけでも、何とか持たせて、次世代に引き継がせるんだ、と決意し努力することくらいなんですよね。

で、具体的に言いますと、今、民主制という、政治体制としてはロクでもないものを採用している現代に生まれ落ちてしまった私たちに何ができるのかというと――「**真っ当な政治家を選ぶ**」ということしかなくなっているわけですね（あるいはもちろん、誰も真っ当な政治家がいない、と思うなら、自分で政治家になる、という道もあることは、忘れないようにしなければなりませんが、その点は、第3回で詳しくお話ししましたね）。

では「誰」にそんな政治家を選ぶ力があるのかというと――それはやはり、学者でも官僚でもなく、「地に足をつけた、真っ当な庶民たち」なのではないかと思います。

おおよそ、胡散《うさん》くさい奴の顔つきや話し方を見れば、「あぁ、こいつ怪しい奴だなぁ」というのが直感的に分かる、っていうのが庶民の知恵です。逆に、その人のこれまでの取り組みだとか人となりだとか、物腰、そして何より「顔つき」を見れば、「この人はホントにいい人だなぁ、信頼できる人だなぁ」ということが分かるはずです。

もちろん、政治家が語る「言葉」に意味がないとまでは言えません。しかし、その言葉にどれだけの魂が入っているのか、あるいは口先だけの美辞麗句を並べ立てているのか――そういう基準でその政治家を判断しなければならないという次第なのです。

例えば間違った世界観や、ウソやまやかしの学説に基づいた説を吐く政治家は、おおよそ、自分が話している言葉を、心底信じてなどいない。ただ、その言葉が庶民に耳あたりよく届くだろう、という程度のことを考えているに過ぎません。

でも、真っ当な政治家なら、彼の口から吐かれる言葉は、何度も何度も、それが正しいことなのかどうか――を吟味した上で吐かれているはずです。そうである以上、その言葉には必ず、「魂」としか言いようのないものが込められている。そして、そんな言葉は、自ずと、納得のいく、真っ当な言論となっているはずなのです。

では、そんな真っ当な言葉、真っ当な政治家を見抜くための判断の基準は何かと言えば――

それはもう、**「常識」**としか言いようがないものだと思います。つまり、古い時代から引き継がれてきて、しかも、今も多くの人々の間で共有されている伝統的な「常識」、それに普通に照らし合わせてみれば、まがい物とホンモノの違いが瞬時に分かるはずです。

そういう伝統的な知恵でもって、真っ当な政治家とそうでない政治家を見極め、真っ当な政治家を選んでいく――そうすることで初めて、民主制の中で、哲人統治に近い政治が実現していくわけです。これが、ミルが代議制統治を主張した基本的な着想なんですね。

ところで、その常識は一体誰に宿るのかと言えば、もちろん、一人一人の人間ではありますが、もう少し、全体を見据える目（例えば、社会学的な目）で考えれば、それは、私たちの「社会」に宿るモノだと言わざるを得ません。

したがって、社会に真っ当な「常識」が備わっていれば、適切な人物が、適切に評価され、不適切な人物は、低く評価されることになり、その結果として、真っ当な政治家が選挙で選ばれることとなるのです。

しかし残念なことに、ロクでもない社会では、ロクでもない人物だけが高く評価され、真っ当な人物は全く評価されず、それどころか、侮蔑《ぶべつ》されたり、弾圧されたりしてしまいます（洞窟の比喩で、最後、哲学者がどのように扱われたのかを思い起こしてください）。

だから、やはり、真っ当な民主政治を成立させるためには、真っ当な評判を下すことができる、真っ当で健全な常識を備えた**「社会の力」**というものが必要なのです。

つまり、真っ当な政治を成立させようとすれば、普段から、真っ当な常識に基づいた健全な社会の形成を企図《きと》し続けることが必要なんですね。

ここまで来れば、これはもう政治家の資質という問題よりも、政治家の資質を見抜く力が、社会に存在しているのか否か、という問題になってきます。ですからここら辺で、「政治哲学」議論は、「社会学」や「社会心理学」とといった「社会科学」の議論にしていくことになるんですね。

では具体的に、「よい政治家を選ぶためにはどうしたらいいのか」というと、いちばんシンプルな答えは、一人一人がしっかりと情報を集めればよい、ということになりますが、それは決して簡単ではありません。

ですからしばしば、当方も、「よい政治家を選ぶ方法を教えてください」と聞かれることがあるのですが、そんな時は、こう答えます。「あなたの身の回りで一番信頼できる人は誰ですか？」と。そして、「その人に、誰に入れたら良いかを聞けばいい、そして、その人が言うのが正しいと思って投票したら良い。それも嫌だったら投票に行くべきでない。あなたには人物を評価する能力がないのだから」と言いますね。例えば実際、アメリカの大統領選挙って、こういう風になっていますよね。大統領の投票人を選ぶ選挙に、一般国民が参加する、という奴です。

そしてもしも、その信頼する人が、誰に投票したら良いのか分からなかったら、きっとその人もまた、他の誰かに、誰に投票したら良いのかを聞くでしょう。そうやっていれば、その内、まともに判断できる人のところにたどり着く。そうすると、その人の意見が一瞬でいろんな人の投票行動に結びつく。「どうやら、ナントカさんに入れた方が良いらしいよ」という格好で、真っ当な人の判断が、社会全体に評判として流布《るふ》されるわけです。

これが、真っ当な**「社会的な評判システム」**って奴です。

昔の日本の社会がしっかりしていた頃は、「長老」がいて、何か困ったことがあったら長老に聞いたら大体教えてくれる、ということになっていた。もちろん、長老に聞きに行くのは最後の最後で、それまでにまずはお兄さんやお父さんに聞いたりするわけですが、それでも分からなければ長老に聞いた。

そういう風な濃密な評判ネットワークがある社会に生きていたら、真剣に人の質問に答えるようになるし、お兄さんやお父さん、そして、長老になった時には真剣に答えよう、としますよね。つまり、皆が訓練をして研鑽《けんさん》を積んでそういう大人になるように努力するわけです。そうやって、良い具合の緊張感が広まって、真っ当な評判システムが築きあげられていくわけです。少なくとも、一昔前の日本は、そういう雰囲気があった。

そういう真っ当な人間を、我々は目指すべきであって、そういうことを主張していたジョン・スチュアート・ミルを読んでいた福沢諭吉もまた、「国民がそうならねばならぬ」と思ったので『学問のすゝめ』を書いて、日本国民はそれをがっつりと受け止めて、十人に一人もがそれを買っていたわけですよ。ホントに、日本ってスゴイ国ですよね。少なくともその頃だけは（大笑）。

いずれにしても、誰に投票したらいいか分からない時には、信頼できるかも、って言う人に聞いてみる、っていうのは何も無責任な話でもなんでもなくて、ごく当たり前の話なわけです。兎に角、その人間を信用しているわけですから、そこに一つの人間関係があって。絆《きずな》とかっていうじゃないですか。そういうのが絆なわけですよ。もしこの人が間違っていたら絶対謝りますからね。「あの時自分は、あいつが良いと思ったんだけどダメだったな、自分も勉強になった」とか。そういうのも含めてこの若い子が人を見る目を勉強していく。そうやって人と人との繋がりの中で、人間が個々人ではなくて、それぞれ繋がりあった「社会・人」になっていく。そして、そうやって「社会の力」が醸成《じょうせい》されたら、真っ当な代議制統治が可能となって、必ずしもスーパーマンのような哲人がいなくとも、皆の力でどうにかこうにか「哲人統治」的な政治をやっていくことが可能となるんですよね。

もちろん、プラトンは、ここまでは書いていない。でもそれは後世のミルとかまで来ると、そういう形で「社会の力」を活用しながらナントカ哲人統治に近づけようという、かなり実践的な処方箋《しょほうせん》を含めた議論になってくる。

プラトンの頃はまだ、小さな国家しか考えていなかった。しかし、大きな国家になり、いろんな文化が同居する状況とかを考えると、いろいろな実践的改良が必要になってくるわけです。とはいえ、ミルの時代にあっても、その中心部のコアには「洞窟」の物語が、寸分違《すんぶんたが》わず残されていることは間違いない。これがポイントです。

ところで、「政治家」と「庶民」との交流は、民主主義を成立させるうえでとりわけ重要になってくるのですが、その理由は、政治家側にも、庶民側にもあります。まず政治家側から言いますと、しっかりと庶民と交流をする機会を持っていれば、政治家の側が、いわゆるローカルナレッジ（地域知）と呼ばれる、その地域に固有の様々な情報や風土、歴史をそれをきっちりと全部吸収していって、「娑婆《しゃば》」がどうなっているのか、「地域」がどうなっているかをしっかり理解することができる。政治において、こういう知識は必須中の必須です。そして政治家との交流は、一般公衆側からしてみたら、政治家のしゃべり方とか、来るタイミングとか見て、「こいつあかんな」とか、「こいつ若いのになかなかやるな」という情報を取得できるわけです。

つまり、政治家と庶民との交流の機会は、政治家側にも庶民側にも、真っ当な政治を運営する上で重要な情報を互いに提供しあうわけです。そうやって「社会のシステム」というものを「政治システム」に活用していくことができるわけですよ。

結局、「政治システム」っていうのは機械じゃなくて、人間がやっているものですから、どれだけ大きくなっても、どこかで社会の人と人の繋がり、組織とか集団とか共同体というニュアンスを残しながら政治をやっていかないといけないんですね。で、そういうのは本来は、地方行政において一番やりやすいんだと思います。

国家行政ではやりにくいですけど、だからといって、国政レベルでも、ナントカして、真っ当な「評判システム」を駆動《くどう》させるような「社会」をつくりあげていかないといけない。それができない国家は、真っ当な政治家を選ぶことに失敗し、真っ当な政治ができなくなり、最終的に残念ながら生き残ることができなくなっていく。で、そのためにも、政治家と庶民、公衆との何らかの交流は重要となっているわけです。

もちろん、一人一人の国政の政治家が一人一人の国民全員と交流することは難しいでしょう。でも、社会というものは、複雑な階層構造があって初めて社会です。だから、そういう複雑な社会構造を駆使《くし》して、例えば、個人が集まって組織になって、組織が集まって、大きな組織になって地域になって、それが集まって国家になる、っていうそういう階層構造の中で、どこかで国政レベルの代議士とも間接的にでも交流があれば、いろいろな情報が間接的に末端まで届いていく、ということになるのですし、そういう力こそが、社会の力だと思います。

コラム 5

強い日本をつくろう!

TVが日本の政治をつくっている。これじゃ日本は強くならない。

「強い日本をつくる」ためには、何が日本を弱くしているのかをちゃんと分かって、それを改善しないといけません。そしてその点を考える上で今、絶対に見過ごしてならないのが、テレビ、の問題です。

そもそも、強い日本をつくるためには、まともな政治家が選ばれないといけません。だから、真っ当な「評判システム」を社会の中でしっかりつくりあげて、保持して、それで一つ一つの選挙に臨まないといけないんですが、それが最近難しくなっているのです。

その大きな原因が、マスメディア、とりわけ、テレビ、です。

例えば、何度か引用した19世紀のトックヴィルさん、「アメリカの民主主義、めちゃやばいやん」と言って書いた本の中に、その重要な原因に「新聞」を挙げています。新聞のせいで、人々が「自分の頭を使うこと」をやめ始めている、その代わり、新聞に書いてある論調をそのまま鵜呑《うの》みにして、選挙で人を選び始めている。しかも、その新聞、十分に練りに練った内容が書かれているならまだしも、相当デタラメな思いつきが山のように書かれている、で、それだけデタラメのくせに、メチャクチャ大量に発行されている——これじゃあ、アメリカの政治はメチャクチャになるしかない——というようなことを言っているんですね。19世紀に。

これって怖くないですか?

このトックヴィルの指摘、そのまんま、今の日本に当てはまりますよね。しかも今の日本じゃ、新聞よりももっとアタマを使わなくて良い「テレビ」があって、これをぼーっと眺めていたら、何となく、政治的な意見を持ってしまう。「これからはグローバル化だ!」とか「日本の古い体質を改革せにゃならん!」だとか、勇ましいけれど何も中身がないようなイメージだけがアタマに残る。彼等は、そんなイメージを持ったまま選挙に行く。一方で、立候補した奴らの方もまた、そんなテレビを見て、皆がどんなイメージを持っているかを想像して、そのイメージ通りにスローガンや公約をつくったり、演説をしたりする。で、選挙民は、テレビで見たことと同じことを言っている政治家に投票して、そういう人が通る。で、結局彼等は、テレビで言っていた通りの政治をやろうとする——。こんなことやっていたら、まともな地方、まともな国なんて絶対にできない。そんなことを10年も20年もやっていりゃ、そりゃぁ、いろんなものが「失われて」いくのも当然。それが今の失われた20年、の実情です。

ということで、以上の顛末《てんまつ》、よくよく考えてください。以上の話が正しいとしたら、誰が政治の方針を決めているのか、一目瞭然《いちもくりょうぜん》。それは政治家でもなけりゃ、選挙民でもない。

テレビです。

例えば、京都大学では、平成25年6月に、大阪市民の政治心理学調査を行ったのですが、そこでも、面白い結果が出ています。当時、大阪については、多くの評論家が「たかじんのそこまで言って委員会」という番組が橋下徹市長をプッシュする番組をつくっている、と指摘されていたのですが、この番組を「毎回見る」大阪の人たちの橋下支持率は、実に「7割」に到達しています。でも、この番組を全く見ていない人たちの橋下支持率は、たった「2割強」だったのです。しかも、その不支持率は実に4割強。

つまり！

当時の人の大半が橋下市長を支持していたのではなくて、この番組を見ている集団「だけ」が熱狂的な支持をしているのであって、この**番組を見てない人たちにとっては、橋下市長に対する熱狂的な支持なんて全く存在していないどころか、むしろ、「眉をひそめている」状況にあったわけ**です。

こうした話は、２００９年の総選挙の時に、朝日放送視聴者がとりわけ民主党を支持しており、それが当時の政権交代を強力にサポートした、という事実からも裏付けられていますが、こうしたデータはテレビが持っている、政治に対するものすごい影響力の強さを示しています。こりゃもう現代日本ってば、トックヴィルもびっくり、な状況なわけです――。

なかなか絶望的な状況ですが（笑）、強い日本をつくるには、まずは、こんな状況にあることを知ることが何よりも大切です。こういう実情を知っていれば、テレビや新聞のことをもうちょっと軽視して、自分の頭で考えるようにすることが必要なんだなぁ――なんてことも見えてきますし、テレビ局のスタッフさんたちにしっかりといろんなことを理解してもらうことが重要だということも見えてくるわけです。

兎に角――これが現状なんだから仕方がない。現状がもうメチャクチャにひどいものだったら、ある程度嘆いて、しっかり眉をひそめた後は、あっさり受け入れて、「じゃあ、何をするべか？」を一つ一つ考えながら前向きに実行していく、っていう姿勢を持つしかないのでしょう。そういう姿勢があって初めて、強く、そして、豊かな国をつくることができるのではないか――と思います。

――とは言え、とても残念な話ですね（苦笑）。

第8回

政治では「詭弁」を絶対許してはならない

～弁証法とアウフヘーベン～

前々回は、「哲人統治」を現代社会で実現するには、「代議制統治」を真っ当に機能させるくらいしか方法がない、というお話をしました。そして前回は、「どうやって代議士を選ぶべきか」というお話をしましたが、今日は、選ばれた代議士がやらなければならない「議論」というものは、一体どんなものなのか、というお話をしたいと思います。

実は、議論には「真っ当な議論」と、「真っ当でない議論」があります。で、後者の「真っ当でない議論」っていうのはもちろん、議論とは言えない代物《しろもの》なわけですが、それはさておき、前者の「真っ当な議論」とは何かということについて、一番スタンダードな答えがヘーゲルの**「弁証法」**です。

例えば、僕が「Aだ」と言った時、相手も「そうだ」と言えば、それで話は終わりです。そこに議論は不要です。やはり議論になるというのは、「Aだ」と言う人がいて、「いや、Bだ」という風に食い違いがある時に議論が始まるわけです。

ヘーゲルは、この時の「A」という意見を**「命題」**（テーゼ）と呼び、「B」という意見を**「反命題」**（アンチテーゼ）と呼びます（もちろん、Bを主張する人からしてみれば、Bが命題・テーゼで、Aが反命題・アンチテーゼとなるわけですが、ここではとりあえず、Aをテーゼと呼ぶこととしましょう）。

この時、Aを主張する人が全く相手の意見を聞かずにひたすらにAを主張し、Bを主張する人が同じく相手の意見を何も聞かずにひたすらにBを主張し続ければ、話は平行線をたどり、どうにもなりません。

しかし、この両者がもしも、哲人であったなら、あるいは、理性を幾《いく》ばくか持っていて、そして、その理性に基づいて意見を述べているのだとしたら、決してそんなことにはなりません。そもそも、理性に基づく議論は、自説を通すことそれ自身を目的としたものではありません。あくまでも、「真理」に到達すること「だけ」を目的として議論をするわけです。

しかも、理性に基づいてAを主張するからには、その説にも一理があるはずです。同じく理性に基づいてBを主張するからには、そちらにも一理があるはずです。

で、二人がよくよく話し合えば、互いが互いの「一理」を理解し始めます。そして、そもそも二人とも「真実」を目指すため「だけ」に議論をしているわけですから、次第に、AとBの双方の理を含む新しい意見とは一体何なのだろう——という方向に、両者の議論は展開していきます。

そして、あるタイミングで、二人は同時に、Aの理とBの理の双方を含んだ、全く新しい命題Cに、「ぽんっ」と到達します。「あっ、それなら、こうすれば、全部OKじゃん！」っていう感じですね。

この「ぽんっ」と到達するというのが**「アウフヘーベン」＝「止揚《しよう》」**っていうものなんです。で、ポンっと出てくる新しい命題C、これが**「ジンテーゼ」（合）**と呼ばれるものです。

ここはホントにポンっていくもので、ちょっとずつ、徐々に形成されていくものではあり

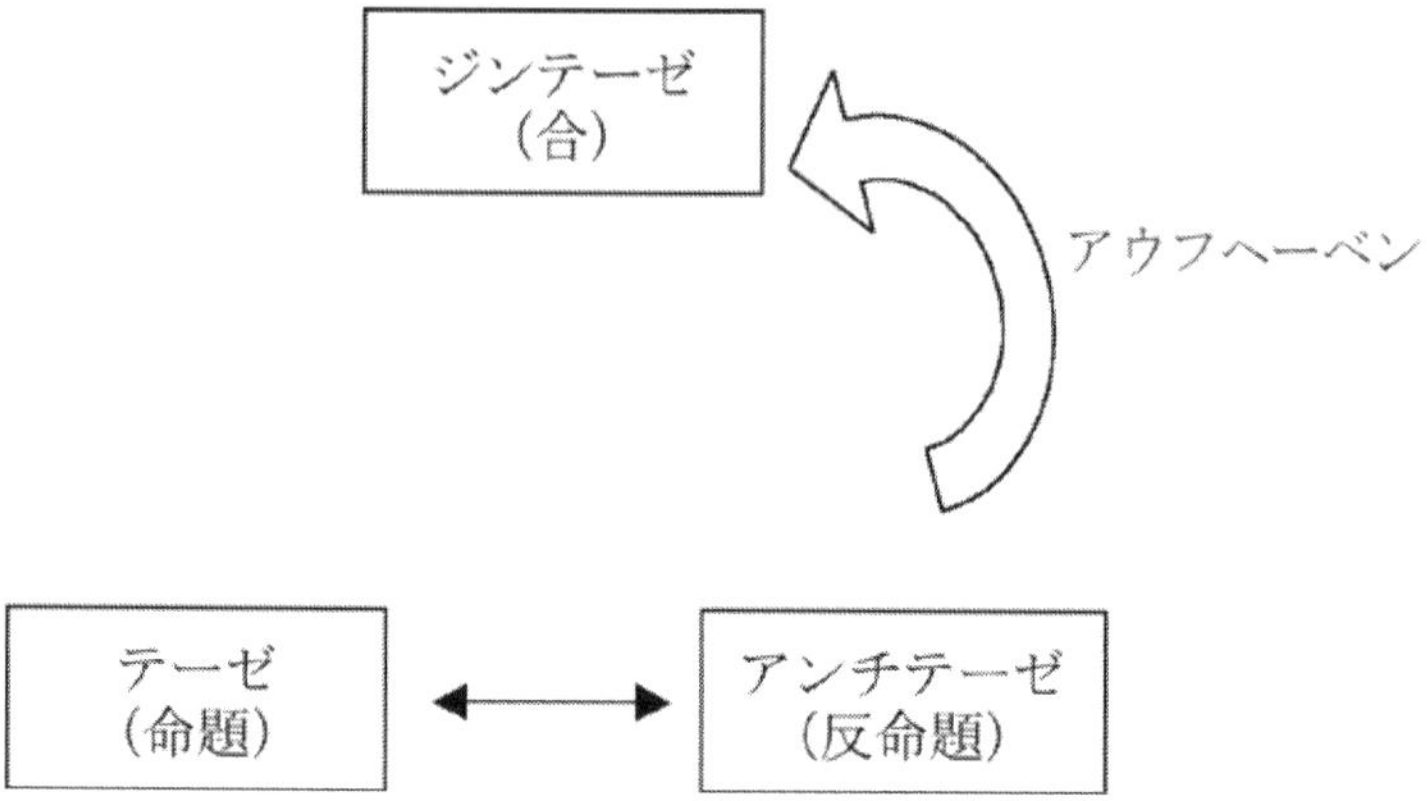

図３　ヘーゲルの弁証法における「アウフヘーベン」（止揚）のイメージ

ません。あるとき地震とか噴火みたいに、一瞬で「ぽんっ！」っていくんですね。

これがヘーゲルの弁証法です。

この背景にあるのは、きちんとした議論をする人って必ず哲人性、あるいは理性、道理でもって、それに基づいて意見を言っているはずだから**「話せば分かる」という前提**です。

だから、ヘーゲルの弁証法は日本人的な「話せば分かる」という感覚に、非常に近い考え方なのですね。

これが代議士がやるべき「議論」というものです。

例えば規制の「緩和」がいいか「強化」がいいかという議論を考えましょう。この時、双方とも、自説を「理性」に基づいて主張していると考えましょう。この場合、あれこれ議論をしていくと、「あ、デフレの状況では規制を強化した方がよくて、インフレの場合には緩和した方がいいんだな」ということにたどり着いたとしましょう。こうして、双方の意見を含んだ上で、新しい意見が形成される、これがアウフヘーベン＝止揚、なんですね。

こうした「真っ当な議論」を、行うべき場所が、国会であり、地方議会なんです。

逆に言うと、こういうアウフヘーベン＝止揚を目指さないような議論をするのは、議会に対する冒涜《ぼうとく》なんです。

典型的にダメな議論っていうのは、「とにかく意見を変えない」という態度の議論です。

こういう人が一人でも議論の場に紛れ込んでいれば、議論は大混乱、結局、アウフヘーベンなんて絶対に起きません。

最近「ブレない」なんてことがもてはやされたりしていますが、それはトンデモナイ間違い。議論では、人は「ブレるべき」なんです。相手の意見の理点を含んで、どんどん自説を変えていっていいんです。古い言葉で「君子、豹変《ひょうへん》す」という言葉がありますが、これは、「立派な人は、意見をごろりと変えるものだ」ということを意味するものです。これはまさに、アウフヘーベン＝止揚を前提とした諺《ことわざ》です。一方で「ブレない奴」ってのは、別の言い方からすれば「結論ありきの奴」ってことですから、そんなバカは議論では百害あって一利なしです。

よくあるのが、選挙公約だかマニフェストだかで「Aをする！」って言っちゃったもんだから、よくよく考えればAよりもAを含んだCの方がいいんだけど、「Aを兎に角する！」というようなケースですよね。これでは、結局損をするのは選挙民ですからね。そういうのは、「代議士」の名に値しない人物です。

でももちろん、自分が主張していた意見に含まれる「一理」を捨て去るには、よほど慎重にならなければならない。どれだけ考えても、その「一理」が正当であるとするなら、議論の結果、得られるであろう「ジンテーゼ＝合」の中に、なんとかして、その「一理」が含まれていなければおかしい。そうでなければ、その一理を気付いた者としての責任が果たせていない、なんてことになりますよね。

兎に角、議論に参加するには、「よりよい意見を目指そう」という意志がなければ、絶対にダメなんです。TPPにせよ増税にせよ財政出動にせよ、議論するならば、相手の意見に「理」が含まれるなら、その「理」を反映した結論を出すように努力をするのが、議論というものです。それなのに、絶対通すとか、絶対反対する、と言っているようでは、その人物はその内必ず、弁証法的議論とはかけ離れた**「詭弁」**を弄《ろう》するようになります。

例えば、「TPPを通す」という目的のために、推進派はありとあらゆる屁理屈《へりくつ》をこね回すわけです。それが、反対派によって一つ一つ潰《つぶ》されていっても、彼等は全く意に介さない。どれだけ潰されても、また別の詭弁を出して、それを反対派に潰させておいて、その間に、政治的に決定させちゃう――なんてことがやられたら、それはもう、議論に対する冒瀆《ぼうとく》、国会に対する冒瀆、政治に対する冒瀆以外の何物でもないんですよね。それは議論ではなく、既に、**「権力を使った暴力」**と言って良い。

今の中央の政治や地方の政治でそんな、議論の名を借りた「権力を使った暴力」がなされていないかどうか、しっかりと見定めないといけないですね。

神谷：政党に所属して政治活動をしていた時、「党で○○と決まっています」の一点張りで議論にならないことが何度かありました。もちろんそうした種類の話もあるでしょうが、何でもかんでも「党でこうなんですよ」と言われちゃうと、完全にそこで思考停止。全く議論にならなかったことが何度もありました。

もちろん、党としてのまとまりは一定必要なんでしょうが、行き過ぎると議会に対する冒涜になる。だけど、議会では確かにそうかもしれませんが、「党」の中で徹底的に議論をしておく、ということが必要でしょう。もし、自分の意に沿わない党の決定があれば、党の決定それ自身を変える努力をすることも必要となる。それでもどうしても承服できなければ、もう党をやめるという方法もあるでしょうし、やめないのなら、党の決定を変える努力をすることが必要ですよね。しかも、党の決定に従いつつも、議会で自らの意見を「表現」することもできるでしょう。言い方、話し方、時間の使い方、そのあたりは全て議員の裁量に任されているわけですから、党の拘束の中でも様々な自由度を発揮できるとも言える。ただ、そういう努力も何もせず、党の決定がこうだから、っていうことで、単なるテープレコーダーみたいに党の決定を繰り返すだけでは、代議士としての資格はない。

ですから本来は議場に入る時はそういうことはしませんと宣誓したり、おじいちゃんとおばあちゃんみたいに、お天道様《てんとうさま》に顔向けできるように議論します、と誓いながら鳥居をくぐって議場に入る、なんて仕組みをつくっておいた方がいいかもしれませんね(笑)。

そんな議論におけるマナーは、第一に、決してお天道様に顔向けできない議論はしない、と決めて臨むことでしょう。それはつまり、この状況下でよりよい答えがあるはず、と信じて、こうやった方が国益にかなう見込みが高いんじゃないか、この方が庶民にとってはよくなるんじゃないかということを、常に探し続けると決意することですね。これが第一マナーです。

第二マナーは、「自分の無知を自覚すること」です。同時に、自分だけじゃなくて、他者の無知も認識しておくことです。自分のことも他者のことも100%信用するわけでもない、そういう態度があって初めて、説得したり、納得したり、という議論が起こることとなる。

つまり、自分が間違えているかもしれないという「**謙虚さ**」、それとある種の「自分が正しく、相手が間違えているかもしれない」という「**毅然《きぜん》さ**」、そして正しいものを探すんだというその「**誠実さ**」「**真摯《しんし》さ**」。これが議論に臨む人間に求められる態度だと思います。それをちゃんと教えていかないといけないですよね。

しばしば、「ディベートに強くなろう!」っていうノリがありますが、あれは、議論とは180度真逆の代物です。よく大企業で「君はA案ね、君はB案、はい議論しなさい」っていう研修があるようですが、僕はそんな研修、絶対無理ですね。そんなのは、議論に対する冒涜ですし、僕という人間に対する冒涜そのものです。そういうことを言っている会社さんは、ホント、恥を知りなさい、と言いたいですね（笑）。

そういう訓練は、謙虚さも毅然さも誠実さも真摯さも何もない、「姑息《こそく》な輩」を産み出すだけでしょう。まぁ、弁護士さんとかだったら、それも商売ですから、仕方ない側面もあるのでしょうけど――。

そうそう、裁判所での弁護士と検事の審議、あれは、基本的に「議論」とは大いに異なるもの。弁護士が検事に説得されて、途中から弁護人の罪をあげつらい出したら裁判は成立しないですからね（笑）。弁護士は弁護する、検事は相手の罪を立証することをそれぞれ決めて、それこそ「結論を決めた」上で行う審議ですから、本質的に弁証法とは相容《あい》れないものなんですね。そこには自ずと「詭弁」が混入する余地が膨大にあるんです。逆に、詭弁でも何でも良いから、弁護できる弁護士が優秀な弁護士で、誠実に、ついつい検事の言うことに説得されてしまうような弁護士は、無能な弁護士だ、ってことにすることもできる。実際、アメリカはとうの昔にそんなコトになっている。今の日本だって、それにドンドン近づいてきている。だから、政治の世界と弁護士の世界では、評価基準が真逆なんです。政治において詭弁は絶対に許してはならない最悪の暴挙ですが、弁護士界では詭弁は（場合によっては）もてはやされる可能性すらあるわけです。

だから、弁護士さんが政治をやってはいけないわけではありませんし、弁護士出身の立派な政治家もたくさんおられるでしょうけど、弁護士さんが政治をやる場合には、「結論ありきの弁護士のやり方」を絶対に議会に持ち込まないようにしていただかないと、エライことになりますよね。繰り返しますが、政治において詭弁は、絶対にやってはならないものなのですから。

コラム 6

強い日本をつくろう！

「決められる政治を！」なんて卒業しないと、日本の脆弱化は止まりません。

政治の基本は、真っ当な議論、アウフヘーベン（止揚）を目指した議論であって、その対極にあるのが、「詭弁」なのだ——というのは、ここでお話しした通り。でも、その反対の「詭弁」には、実にいろんなヴァージョンがあります。

例えば、国会の質疑なんかテレビでやっていますが、あれを暇な時にじーっと見ていたら、まぁ、メチャクチャな議論がこれでもかこれでもかと展開されていることに気が付くはずです。最近、安倍政権の国会答弁で、あまりにも政府からの答弁が不誠実極まりないので、辟易《へきえき》する国民が増えているのが現実です。森友・加計問題や桜を見る会を巡る国会答弁は、「子供でも分かるウソ」を平然とついて、しかも、そのウソが正しいということを「閣議決定」までして、野党からの質問をかわす、という風景が常態化しています。その典型的な論法が「ご飯論法」と揶揄《やゆ》されています。これは、「ご飯食べた?」と聞かれて(パンは食べたけど、ライスは食べてないからという趣旨で)「いいえ」と答えるという論法です。しかも、「いいえ」と答えつつ、「誰もがパンかライスか何も食べてないと誤解するだろうなぁ」と十分分かりながら、「いいえ」と答えるのですから、質が悪いウソのような答弁ですが――こうしたご飯論法が今、国会では常態化しているわけです。

それでもよくよく見てみると、テレビでも議会でも学会でも、そんな「地獄」みたいな詭弁ワールドの中でナントカ一所懸命、まともな議論を成立させようとしている方はたくさんおられます。

「強い日本」をつくるには、そうやって地獄の中でナントカ踏ん張る、真っ当な人(つまり、理性を保った哲人にナントカ近づこうと努力している人)を応援していくしかない――と、つくづく感じます。

ところが! そんな人たちの必死の努力を、ぜーんぶ綺麗《きれい》さっぱりぶっ壊す方法が、最近とみに「政治のリーダー」たちによって編み出され、次々と遂行《すいこう》されるようになってしまいました。それが、「決められる政治」ってヤツです。

どうやら多くの国民は今、デフレが続き、日本が停滞していることに、随分とイライラしているように思います。確かに、この「現状を打開」するためには、適切な処置を速《すみ》やかに進めることは、メチャクチャ大切なことです。だから、「決められる政治」なるものを、国民が望む気持ちもよく分かります。

ですが、**政治において重要なのは、決めることそれ自身ではありません。良い決定を決めることこそが重要**なのです。それがもしも「悪い決定」ならば、「決めない」ことの方がずっと良いことに決まっているではありませんか。

この当たり前の話が、どうやらすっ飛ばされて、「何でもいいから、決められる政治が良いんだ」、というような風潮が出来上がりつつあるのが、今の日本なように思います。

これでは、もう、日本はメチャクチャになるしかないですよね。

で、まともな議論も何もできない、理性のかけらもないような詐欺師まがいの輩が「そうか、今、みんな〝決められる政治〟が良い、って思っているんだな？　じゃぁ、何でもいいから、〝私はこう決めました！〟って言って、カブきゃ（＝良いカッコすれば）それで、いいってワケだな」なんて思い始めたとしても何も不思議じゃありませんよね。

ということで、今、政治家の間では、俄《にわか》に「決められる政治」ブームみたいなものが出来上がりつつあるようです。

例えば、国際協定や税制改正、事業仕分けなど、ホントにそれが必要なことであるなら、一刻も早く「決めるべき」であることは当たり前。ですが、それに対して極めて理性的な反対論があり、その反対論に対して理性的な回答が全く出来ていないままに、「えいやぁっ！」で決めちゃうのは、もう完全なアホです。しかし誠に残念ながら、現政権の「岩盤規制をぶっこわす構造改革を徹底的に推進する」という態度はまさに、そんな勘違いまみれの「決められる政治」の典型例になっているわけです。

だからやっぱり、政治においては、「良いか悪いかを判断する理性」があるのかどうか、そして、そんな理性に基づいて「まともな議論が展開されているか」っていう、地味ではありますが、当たり前のことこそが、そしてそれだけが重視されるべきです。で、理性的判断や理性的議論の結果、それが「正しい」ということになったとリーダーが確信したのなら、どんな「抵抗勢力」があろうとそれを断行していく——我々日本国民は、そういう政治家「だけ」を高く評価すべきなのです。とにかく議論もそこそこに、どんな批判や反論があろうとも、適当に詭弁でも何でも出して誤魔化しながら、「私はリーダーシップがありますオーラ」を出したがっている小物っぷり満載の政治家が「私が決めました！」なんて大見得を切っている幼稚な姿を、多くの国民が支持しちゃうようになったら、その国はホントに終わりです。

子供には政治ができないのは、酸《す》いも甘いも知らず、まともに議論もできない、未熟な存在だからです。大人だけが政治ができるのは、まともな理性があり、真っ当な議論ができるからです。そんな当たり前のことを忘れた国民には、幸福は絶対に訪れません。

日本が豊かで強い、そして誰もが幸福に生きていける国になるためにも、私たち日本国民は、もう少し、今よりも大人にならなければならないのではないかと思います。

第9回

ニヒリズムは最凶最悪の政治の敵です

〜ニヒリズム／虚無主義〜

前回、代議士は適切な議論が大事で、それには「アウフヘーベン」(止揚)を目指さねばならない、という話をしたんですが、実は、それができる人とできない人というのがいる。できる人は哲人、ということなんですが、できない人、というのは一体何者なのか——ということについては、ここまでは十分にお話ししてこなかったかと思います。先の議論では、「詭弁」を弄する輩だと暫定《ざんてい》的に申し上げましたが、より包括的に言うと、そういう人物とは一体何者なのか、ということについて、今日はお話ししたいと思います。

今日、真っ当な政治も、真っ当な議論もできなくなってきているわけですから、そういう意味では、今日は、この一連のお話の中でも、一つの「ハイライト」「一番重要なポイント」になるかもしれません。

それは、「哲人統治」の真逆の理論、「ニヒリズム」です。

これは日本語では**「虚無《きょむ》主義」**と訳されます。

この「ニヒリズム」「虚無主義」というのは、ちょっとややこしい言葉ですが、近現代を読み解く、最重要キーワードです。

思想家だったら、ニーチェやドストエフスキーといった人たちが、このニヒリズムをテーマにいろんな言論、小説を残しています。

文字通り、「虚無主義」っていうのは、「なーんにもない主義」ということです。

プラトンの哲人統治の論理は、そもそも「神様」を志向する議論ですよね。真善美というのは、彼等の言う「神の領域」、そこは日本で言うなら「天照大神《あまてらすおおみかみ》がおられた高天原」みたいに、豊穣《ほうじょう》な世界です。でも、その真逆の論理たるニヒリズム、虚無主義は、なーんにもない真空、虚無の論理ですから、いわばそれは「悪魔の論理」なわけです。

プラトンは、このニヒリズム、虚無主義については、ニーチェやドストエフスキーほどに仔細《しさい》には論じていない。そもそもプラトンが生きたギリシャは、地中海の穏やかな風土がある「太陽の国」です。だけどニーチェが暮らしたドイツ、とりわけドストエフスキーが暮らしたロシアは、極寒《ごっかん》の地。それは地中海のギリシャとは真逆の風土。そういった風土の違いが、「同じ話」をするにしても、プラトンには「太陽」の明るい方面から論じさせ（哲人統治説）、ニーチェやドストエフスキーには、何もない、虚無の方面から論じさせたのだ（ニヒリズム）、なんていうことも言えるかもしれません。

ではまず、真善美を知る哲人の真逆の人間として、完全に虚無主義、ニヒリズムに陥った人物、すなわちニヒリストを一人想定しましょう。

彼は、この世の中に美しいものや正しいこと、真実のことがあるなんてことを、これっぽっちも信じちゃいない。何と言っても、「この世の中は、カラッポの虚無なのだ」なんてことを、心の底から信じ込んでしまっているんですから、真善美があるなんて、想像だにできない人なわけです。というか、普通の日本語で言うと、いろんなコトを感じるための「心」がない人なわけです。そういう意味で、ホントにカラッポの輩です。

そんな人が議論に参画《さんかく》したらどうなるか。

彼は虚無主義ですから、何が良いか悪いか全く気にしません。その議論の結論がどんなものになろうが、「知ったこっちゃない」わけです。何と言っても、心がないんですから。

だから彼にはいとも容易《たやす》く、「結論を決めてから議論をする」なんて芸当ができます。「自分の今の立ち位置からしたら、こういう発言していこう」なんていい加減な理由で自説を決めたりできます。そしてそのために「詭弁」をどれだけ弄しようが、良心が痛むはずもありません。その結果、何万人、何百万人の人間が不幸になろうが、死んでしまおうが、何とも思わない。そもそも、彼は虚無主義者なのですから、どれだけの不幸が生じようが、眉一つ動かさない。文字通りの「悪魔」ですよね。

こんなニヒリストが一人だけでも、議論に紛れ込んでしまえば、その議論はメチャクチャになることは必定です。九人が立派な哲人で、残りの一人がニヒリストである、というだけの議論でも、結局このニヒリストがこの十人の議論をメチャクチャにしてしまいます。

折角《せっかく》残りの九人が素晴らしいアウフヘーベンを達成しようとした瞬間、このニヒリストは、自分が予《あらかじ》め決めてきた結論と、その合議で決まりそうになっている結論とがずれていれば、徹底的にそのアウフヘーベンを阻止しようとします。彼はありとあらゆる「詭弁」を駆使して、その議論を混乱に陥れ、自分が予《あらかじ》め決めてきた結論から離れた結論が導かれることを阻止しようとするのです。

つまり、この九人の哲人にとって、その合議の場は「議論の場」なのですが、このニヒリストにとっては、その合議の場は「交渉の場」「闘争の場」に過ぎないのです。

「議論の場」というものは、お互いが心を協力的に重ね合わせ、何か新しいものを産み出そうとする協同の場を意味します。しかし、「交渉の場」「闘争の場」というのは、お互いが刃物を持ち合って、相手を威嚇《いかく》したり騙したり、すかしたりしながら、各々が自分の取り分を少しでも多く増やしてやろう、という場を意味します。

これでは、議論が成立するはずはありませんよね。

だから結局、ニヒリストが政治の場に入り込んできたら、政治はメチャクチャになって、市民や国民の暮らしもまた、メチャクチャになっていくことは、必定なのですね――。

ところで、ニヒリズムは「虚無主義」ではありますが、ニヒリストだって、ご飯を食べたり、息をしたりしないと死んでしまいますから、「全く何もない」というわけではありません。

彼等に「ない」のは「価値観」なのです。つまり何が美しいとか、何が善いとか、そういうものが何もないのです。プラトンの絵で言うと、真ん中にあるはずの理性が「ゼロ」というわけです。ですから、ニヒリズムは実は虚無主義、というよりは、「無価値主義」あるいは「無理性主義」と言った方が、分かりやすいかもしれません。

「理性ゼロ」ですから、彼の精神は、完全に「欲望」に支配されます。ただしそんな欲望は、人間の場合は（野生動物と違って）多分に「気分」に支配される。だから、ニヒリストたちを支配する欲望は単なる「気まぐれ」な代物に過ぎず、したがって、その欲望の内実すら薄っぺらい。つまりニヒリストたちは「薄っぺらい気まぐれな欲望」に支配されているわけです。

そんな薄っぺらい気まぐれな欲望と言えば、例えば、ドラッグ、つまり麻薬がその典型ですね。ドラッグを求める最初の動機は、単なる薄っぺらい気まぐれな欲望です。それは欲望という程のことも無い、単なる気分です。ですが、ドラッグを繰り返すうち、彼らはそのドラッグの虜《とりこ》となっていく。彼らの「内的」な欲望そのものは薄っぺらく気まぐれなものなのですが、その分「外的」な薬物による強烈な支配を受けるようになる。そうなれば、彼らは中身が空っぽな分だけ、ドラッグを手に入れるためなら、どんなことでもやるジャンキーになっていく。

そして、出世競争だけを生きがいにする官僚や、金儲けのためだけの商売に勤《いそ》しむ守銭奴《しゅせんど》のビジネスマン、政治権力の獲得と維持だけのために働く政治屋たちも結局は皆、そんなジャンキーと全く同じ存在なのです。はまっているドラッグが麻薬なのか、出世や金儲け、政治権力拡大なのかの違いがあるだけで、どちらも外的なモノの虜となり、それらに支配されているだけの生ける屍《しかばね》なわけです。そういう意味でやはり彼らは皆、空疎《くうそ》な虚無、ニヒリストなのです。

そして、そんな中身が空っぽになってしまったニヒリストの場合、本来なら理性を守るはずの兵士たちも結局、彼らの薄っぺらい気まぐれな欲望を満たすための「暴力」としてだけ活用されてしまいます。

プラトンのイメージで言うと、「火を吐くヒドラ」そのもののような人間になるのです。これが、ニヒリスト、と呼ばれる者です。

この化け物であるニヒリストのイメージをもう少し詳しく説明しましょう。

繰り返しますが彼ももちろん人間ですから、モノを食べなければ死にます。そして、モノを食べるためには、現代社会ではある程度オカネが必要だということも知っている。そして、「地位や名声」があれば「オカネ」も付いてくるということも知っている。

だから彼は、地位や名声、オカネには徹底的にこだわることになります。普通の理性がある人なら、そういう欲望と、理性との間でバランスを取りながら生きていきますから、欲望だけで行動したり発言したりはしません。しかしニヒリストは、そんな理性が皆無な、「こころ」を持たない人間なわけですから、「100％欲望だけ」で行動できてしまうわけです（ホントにスゴイ人ですね　笑）。

しかも、この「欲望」というものは、オカネや地位や名声だけではないところが、さらにおぞましいところです（このあたりは、ドストエフスキーが様々に描写しているところです）。

例えば、彼は、他人からバカにされたりすることについては腹が立ったりします。価値観など何もないくせに、「いっちょまえ」に嫉妬《しっと》したりすることはできるのです。つまり、「他者からの承認欲求」といったような、より高等な「欲望」も持っていたりするわけです。

さらには、「生きていく上での縁《よすが》が欲しい」というような、さらに高次の「欲望」を持っていたりします。例えば、とてつもなく幸福な家族を目の当たりにした時、自分の不幸を呪う、ということがあり得ます。

あるいは、自分に何の価値観などないにもかかわらず、止めどなく様々な選択をしいられる――そんな状況下で、ニヒリストたちは大いに混乱し、大いなる不安（しばしば、存在論的不安、と言われます）に陥ってしまいます。そんな時、ニヒリストであるにもかかわらず、どんなものでもいいので「価値観らしきもの」を猛烈に希求するという「欲望」を持つに至ったりします（このあたりは、ハンナ・アーレントという哲学者が、ヒトラーの全体主義状況下でのドイツ人の精神の分析の際に論述しています）。

このように、一口に「欲望」といっても、カネや名声といった、分かりやすい欲望だけでなく、実に複雑で、人間くさい多様な種類のものがあるのです。

しかし、それがどれだけ多様なものであったとしても、いずれの欲望も、「真善美」に対する志向性を一切含むものではない、という点は、一貫しています。

だから、彼は兎に角、「真善美」という基準とは一切関係なく、ただただ、彼自身の多ような「欲望」に基づいて振る舞い続けます。

だからこんなニヒリストに、まともな議論、つまり、「アウフヘーベン」を伴うような議論ができるはずもありません。彼の精神に宿る、ありとあらゆるおぞましい「欲望」を満たすためめだけに、あらゆる「議論モドキ」を繰り出すのです。彼の口から吐かれる説は、全て「詭弁」です。仮に彼の口から真実らしきものが吐かれたとしても、それは、アウフヘーベンをもたらすために吐かれたのではなく、彼の欲望を満たすためだけに、その真実を吐くことが必要とされたからに過ぎません。

彼は文字通り、彼の欲望を最大化するためだけに、あらゆる言説を吐こうとするのです。

神谷：そういう方の主張って、よって立つ信念のようなものが分からないので、一見理屈が通っているように見えますが、俯瞰《ふかん》してみると無茶苦茶なんですよね（汗）。

そうそう（笑）。そんな彼等が、自らの欲望を最大化させるために採用するのが「～主義」です。例えば、マルクス主義、新自由主義やマネタリズム、拝金主義等がそれにあたります。もちろん、これらの「主義」が、真理に到達するための「道具」として、柔軟に活用される場合には、それは有益なものとなり得るケースがあります。つまり、「理性」を主人として、「主義」が道具として「活用」される限りにおいて、それらはいずれも真理に到達するための「杖」の役割を果たし得るのです。

ですから、哲人たちは、それらの「～主義」に、それほど大きな執着を見せることはありません。しいて言うなら、彼等は、「特定の主義主張に、頼り切ることなく、柔軟に様々な主義主張を活用する」という態度を採用しているのです。一般に、そういう思想態度それ自身は、例えばプラグマティズム（道具主義）と呼ばれたり、保守主義、あるいは、実存主義と呼ばれたりするものです。しかしだからといって、彼等は、自分自身のことを、「私はプラグマティストである」とか「保守主義者である」とか「実存主義者である」と声高《こわだか》に主張することはありません。人から指摘されれば、確かにそういう傾向がある、という程度に、柔軟に、そうした主義と付き合っているのです。

繰り返しますが、彼の思考の主人は、あくまでも「理性」なのであり、したがって、彼は思考は、常に何物にも縛られず、限りなき「自由」が保障された存在なのです。

しかし、ニヒリストには、こういう自由な思想は不可能です。なぜならそもそも彼は「理性」が破壊されているからです。

だから彼は、理性の代わりとなる、何らかの「主義」を仕入れてくるのです。先に述べたような、マルクス主義、新自由主義やマネタリズム、拝金主義等を、外部から仕入れてきます。そして、兎に角それが正しい、ということにしてしまうのです。

これは宗教で言うと「偶像崇拝《ぐうぞうすうはい》」そのものです。「神」という目では見えない、精神でしか到達できない対象を崇拝することをやめ、即物的な非精神的な「偶像」を崇拝するように、特定の「教義」を、頭から信じ込むことにするのです。

こうしてニヒリストは、様々な思想信条を「イデオロギー化」させてしまうのです。

そして、何を考える時でも、そのイデオロギーを活用するようになります。

もちろん、当初は彼は、そうしたイデオロギーを採用するのは、彼が欲した対象を手に入れるために採用したのかもしれません。例えば、そのイデオロギーを採用しておけば、カネや地位や名声、あるいは「居場所」が手に入ると考えたため、そのイデオロギーを採用したのかもしれません。しかし、そのイデオロギーに従って生きている内に、彼は、そのイデオロギーの「奴隷」となっていくのです。

なぜそうなるのかというと、究極的には、彼は、そのイデオロギーの奴隷となることを「欲望していたから」と言えるのかもしれません。なぜなら、イデオロギーの奴隷にさえなっていれば、彼は、「考える」というメンドクサイことから開放されるからです。理性ある人間にとって、考えることは、苦痛ではありません。むしろ、喜びをもたらします。しかし、理性なき人間にとっては、考えることは苦痛そのものなのです。歩くことが苦手な人、できない人を遠足に連れて行くようなもので、苦痛そのものなのです。

そして、生きていれば、「考える」ことが要請されるタイミングが止めどなく訪れます。彼はその度に、大いなる苦痛に苛《さいな》まれるのです。

しかし、そこにイデオロギーという車いすがあれば、そんな「考える」という現場で常に彼が感じていた苦痛から解放されるのです。こうして彼は、イデオロギーという車いすを手放すことができなくなってしまうのです。そして全ての局面で、このイデオロギーに解決方法を求めることとなっていきます。

こうして、彼はイデオロギーの「下僕《げぼく》」「奴隷」となってしまうのです。

彼に幾ばくかの理性さえあれば、つまり、少しだけでも、自分の頭で考える能力さえあれば、そんなイデオロギーの奴隷にならずに済んだのに――理性を完全になくしたニヒリストたちは、特定のイデオロギーに「憑依《ひょうい》」されてしまうのです。

さて、そんな特定の主義、イデオロギーに憑依されたニヒリストたちとは、議論なんてまともにできません。理性ある者がどれだけまともな議論を投げかけても、彼等は全て、彼が信じたことにしているイデオロギーに基づいてしか反応しないのです。

例えば、「新古典派経済学に準拠した新自由主義」を信奉《しんぽう》する人、平たく言うと「市場原理主義」を頑《かたく》なに信じている人々（今日、日本のインテリ層に極めて多く見られるタイプの人々です）と政策を議論する時、彼等は兎に角、マーケットを活用することを主張します。それがどれだけ破壊的な結果をもたらすのかということをこちら側がどれだけ主張しても、マーケットの活用こそが善であると口にし続けるのです。

そして恐ろしいことに、彼等は、彼等自身が信じたイデオロギーに都合が悪い事実は、「存在しないこと」にしてしまうのです（！）。例えば、市場原理主義で失業が増えると主張しても、いろんな理屈を持ってきて「失業者などいない」ということにしてしまうのです。どれだけそれに反論しても、彼等は最後には「あなたは経済学を知らない」という言葉でかたづけてしまいます。つまり彼等は、大学の教科書を活用して、あるいは、経済学という学問全体を活用して、「壮大な詭弁」を弄《ろう》しているのです。

――しかし、こうした傾向は新自由主義者たち、市場原理主義者たちだけに見られるものではありません。右翼であろうが左翼であろうが、経済学であろうが政治学であろうが、あらゆる領域で、こうした「ニヒリズムに裏打ちされたナントカ主義者たち」というのは、現代社会にはウジャウジャと生息しています。

そして彼等は、ただただ、自分自身の（様々な意味での）欲望を満たすためだけに、特定のイデオロギーの奴隷になり、そのイデオロギーから与えられる様々な専門用語を駆使しつつ、「議論しているかのようなふり」をするのです。

つまり、ニヒリストは、理性なき存在であるが故《ゆえ》に、何らかのイデオロギーの奴隷となり、そして終始、詭弁を弄する浅ましき、おぞましき存在へと墜《お》ちていくのです。

ホントに、ニヒリズム、というものは恐ろしいものです。それを放置しておけば、そんなおぞましい存在へと、必然的に堕《だ》していく他ないのです。

「ネバーエンディングストーリー」という映画がありますけど、あれは周辺から豊かな世界がどんどん虚無の世界になっていくイメージを描いたものです。あるいは、ウイルスに触れると全部一瞬で腐っていく、っていう、（キアヌ・リーブス主演の）「地球が静止する日」という映画もありますよね。これらは全部、ニヒリズムのイメージ、虚無主義のイメージを映像化したものだと思います。

そして、その虚無の後に残っているのは、欲望だけとなる。だから、止めどない欲望だけで政治が動かされる。それはちょうど、「バイオハザード」とかのゾンビ映画と同じ。ゾンビの拡散は、ニヒリズムの拡散をイメージ化したもので、その後は、ゾンビたちの「人を食う」という欲望だけが渦巻いているという世界です。

そして、そうやって欲望だけが残ると、最後に「強い奴」だけが勝つ世界になります。正しくても間違っていても関係ない。ただただ、暴力だけが世界を支配することになるのです。そうすると、たとえどれだけ正しくとも、弱者であれば弱者であるという理由で徹底的に殺されていくんですね。こうして「多数者の専制」が完成するわけです。

政治学において最も忌避《きひ》すべき「多数者の専制」は、ニヒリズムの帰結《きけつ》として現れるものなんですね。だから、ニヒリズムこそが、政治の最大の敵なのだ、と言えるわけです。

神谷：先生のおっしゃるニヒリズムは、日本の至る所にあふれているかもしれませんね。

ホント、そうです。政治や経済についてどんなご立派な理屈を語っている方でも、よくよく話を聞いていると最終的に、「オモシロかったらええやん」「飯食えたらええやん」っていう感じですね。あるいは「20年後にどうなるか分からないでしょ、その時俺生きていないし」って思ってるだけだ、ってことがホント多い。そういうのを哲学者はニヒリズムと呼んだわけです。何が良いも悪いも何もない。我が日本国民として守らなければならないことがあったとしても、「ええやんオレ関係ないし。それで飯食えるの」とか——。

ニヒリズムに陥るかどうかは、どこかで「何のために生きているか」という根本感情というかそういうものが、ポキっと折られているかどうか、ということだと思います。そしてそこが折れれば、ゾンビさんになるんだと思います。それはもう、哲学的な意味で言って、「人間」じゃない。厳密な意味において、人じゃない。それはもう「それ」であって、「彼」とは呼べない代物になってしまっている。だからね、是非人間は人間であることをやめてはならない。そのためにも絶対ニヒリズムに陥ってはいけない。

女性でいうと分かりやすくて、例えば、「お金もらえるから、売り（売春）すんねん」っていう裕福な女子高生がいたとしましょう。しばしば、こういう女性の「売り」をやめさせる論理はあるのか——ということが議論されますが、もし、説得しようとする側がニヒリストだったら、説得は不可能ですね。例えば、この女性に対しては「人としての誇りがあるだろう、それをオカネで売ってはいけない」と言えば、それで事足りるわけですが、ニヒリストだったら、「誇り」という概念を表現することは絶対にできない。「操《みさお》」だって、もっとわけが分からないものです。でもそれらはいずれも、哲人であればスグに分かる概念です。理性があれば分かるんですよ。あるいは、頭で考えるんじゃなくて「心」で考えれば、スグに分かることなんです。でも今、みんな、心でモノを考えるのをやめて、頭でモノを考えるようになっている。それは、ニヒリズムです。理性とは心のことです。ニヒリズムとは、要するに心をなくす、ということです。ゾンビ化する、ということです。本当に今、「ネバーエンディングストーリー」の虚無が広がっているような気がします。本当に恐ろしいですよね。

神谷：若い人もそういう感覚に陥っている気がしますね。夢を持とうとか、挑戦しようという時に、「どうせ」とか「僕なんか」とか、そういう返しが多くてがっかりすることがあります。

また、政治の中でもおかしなことがたくさんあって、指摘する場面が何度かあったんです。そこで返ってきた言葉は、「政治とはこんなもんだ」「それができないなら政治家なんかやっちゃダメだよ」というもので、私からすると完全な思考停止なんです。もうあきらめている。

そこで、最後に一言だけ。重要なポイントなんですけど、ニヒリズムっていうのは、「もうダメだ」という気持ちと繋がっている。だけど、ニヒリズムにも、ここまでお話ししてきたような「ネガティブ」なものだけじゃなくて、「ポジティブ」なものもある。ニーチェなんかも言っている「ポジティブ・ニヒリズム」というのもあるんです。

「俺らもうあかん、何やってもあかんねん……だけど、だからこそ、より一層がんばろう！」

というような、どこか晴れ晴れとするようなニヒリズムもある。つまり、ニヒリズムを超絶に受け止めて、全て飲み込んで、虚無の中で、虚無だからこそ、全てを出し尽くそう、という発想が立ち現れることもある。無の中からこそ、巨大な有が生まれる、というようなイメージですね。色即是空《しきそくぜくう》、空即是色《くうそくぜしき》、ということかもしれません。ソクラテス／プラトンだって、政治というのは、哲人統治が理想だけど、それこそエントロピー（無秩序さ）の拡大の法則に従って、必然的にダメになっていくだろう、ということを、明確に予言していたわけですから。でもできることだけやっておこう、ということで、ソクラテスは、やったってムダにしかならない「辻説法《つじせっぽう》」を、アテネの街角でやっていたわけです。今回の一連のこの話だって、全く同じような無駄話ですよね（笑）。でも、話す。

もうそこまで来たら、我々としては、詭弁を弄するニヒリストを目にしたら、オゾマシがるだけでなく、どこかで、「アチャー、あいつ、めっちゃキッツいニヒリストやんかぁ。うわぁ、きもー、でも彼奴《きゃつ》って、マジで全部ギャグやなぁ」ってギャグにしちゃったり（笑）。こういうポジティブ・ニヒリズムは、ネガティブなニヒリズムを乗り越える手口というか、唯一の方法だと思うんですね。

実際、哲学の議論ではよく、**「破滅の中においてこそ人の命は光輝くのだ」**と言われたりしますけど、まさにその通りなんですね。

神谷：実は、ニヒリズムのお話をお聞きするのは2回目なんですが、やっと腑《ふ》に落ちた気がします。ありがとうございました。

コラム 7

強い日本をつくろう！

「ナントカとミソとを一緒にする政治家たち」を許容するのは、「巨悪」です。

「ニヒリズム」なんていうと、なんだかややこしい言葉に聞こえてきますが、要するに、「価値観がない」ということです。ですから、「分別がない」「美意識がない」「良いも悪いも分からない」ということを言います。だから結果として「デタラメになる」「メチャクチャになる」わけです。

これをもっとしっくりと理解いただくために、政治家の皆さんから実際に発せられた「ニヒリズム」な言説をいくつか紹介していきましょう。

例えば、日本の伝統芸能の「文楽《ぶんらく》」について、ある政治家が様々な発言をされて、物議を醸《かも》したことがあります。彼は「ストリップも芸術」と言い、それに比べて「文楽」は面白くない、ラストシーンでグッとくるものがなかった、だからもう二度と見ない、と発言。ストリップと、日本の伝統芸能を並べる感覚もスゴイですが、過去のどれだけおびただしい数の日本人が、この文楽をどれだけ大切にしてきたかについては全く想像せず、自分がちょっと見ただけで「つまらない」と断定する、その感覚はもうスゴイの一言です。もしも彼に何らかの「価値観」があれば、「グッとくるもの」があったかもしれませんし、仮にそれがなくても、文楽に感動を覚えた人々の存在に思いを馳《は》せることもできたでしょう。そして、女体を性的対象として直接眺めることで得られる単なる野獣的興奮と、文楽における男女の愛憎とその悲劇を鑑賞することで自らの精神に去来する深遠なる情動と、その両者の間の巨大な差異に幾ばくかでも想像力が働くはずです。

つまり、要するに、**彼にはなぁーんにも分からなかった**のです。文字通り、彼には「ナントカとミソが一緒」なのです。これが、「価値観がない＝ニヒリズム」ということです。

この政治家は、その後「儲かる文楽を！」なぞと、その価値をカネで推し量るような発言をしています。そして挙げ句には、外国の軍隊の司令官に「あなたの国の兵士が、我が国日本の婦女子をカネで買うようにしてください」なんてことを勧めたりしています。それもこれも、彼が「価値観がないニヒリスト」だからです。カネの価値と文楽の価値の質的違いを理解する価値観もなければ、「自国の女子を外国人に勧める」ということが「恥ずかしいことである」という「誇り」を巡る価値観もなかったわけです。

ただ、こういったニヒリズムは、この政治家特有のモノではありません。同じようなことは、今、日本中にあふれています。例えば、少し前になりますが、小泉純一郎氏が総理大臣をお勤めだったころ、彼は、「聖域なき構造改革を！」というスローガンを連呼していたのですがこれは、聖域とそれ以外とを区別する「価値観」が蒸発していなければ吐けない言葉です。なぜなら、「改革して良いことと、してはいけないことがある」という価値観さえあれば、必ずどこかに「聖域」が存在することくらいはスグに思い至るはずだからです。親子関係、夫婦関係、伝統文化、安全保障など、「聖域」としなければ、世の中がメチャクチャになるモノは、それこそ山のようにあることは明白です。

同じようなことは、2012年から総理大臣をお勤めの安倍晋三氏の発言の中にも見出されています。彼は2017年の会見で「岩盤のように硬い規制や制度に風穴をあける。……今後とも総理大臣である私が先頭に立ち、ドリルの刃となってあらゆる岩盤規制を打ち破っていく、その決意であります。」と発言しておられるのですが、この「ドリル」によって打ち破られるべき規制と、そうでない規制とを慎重に区別せねばならないという態度が、この発言からは全く読み取れません。この発言もまた、小泉氏と同じ「ニヒリズム」そのものなわけで、この発言のまま政治が展開されれば、ナントカとミソを一緒くたにされて、世の中がメチャクチャに混乱することは避けられないでしょう。

これらは、代表的な発言ばかりを取り上げましたが、ニヒリズムに完全に汚染された言葉は、毎日山のように目に耳に入ってきます。是非一度、そんな気持ちで、新聞やテレビを見てください。もうそこは、ニヒリズムな言説の宝庫であることがお分かりになると思います（笑）。

で、当たり前ですが、価値観なき、ニヒリズムな振る舞いを続けていれば、必ずどでかいしっぺ返しが来ます。価値観がなければ必然的にデタラメになって、何か大きなモノゴトをつくりあげることができなくなってきますし、ツジツマもあわなくなってきます。そして何より、価値っていうのは、どこかで自然の摂理と接続してるものですから、ニヒリズムを続けていると、必ず、自然の摂理からの巨大な逆襲を受けるのです。

巨大地震による巨大災害、なんていうのも、その一つ。ニヒリズムだから、なーんにも考えずに東京一極集中を導いて、それによって、震災規模を天文学的な水準にまで拡大させてしまおうとしているのが、現代日本人なのです。

もうちょっと、今の日本人は、「ナントカとミソを同じに扱うようなデタラメな発言」に対しては、目くじらを立てて怒るようになっておかないと、トンデもないことになってしまうでしょう。というか、もう既に「20年」は失われていますから、相当トンデもないことになっています。もうこのヘンでそんな巫山戯《ふざけ》た話を止めておかないと、もっともっとトンデもないことになることは必定です。

寛容は美徳だとは言われますが、それも時と場合によります。「過剰な寛容」は、邪悪の横行をもたらす「巨悪」の一種なのです。

第10回

ニヒリズムが人類を超絶に不幸にしている

〜存在論的不安〜

今日のテーマは、まだまだニヒリズム。これを深追いしようと思います。やはりニヒリズムの問題をどう乗り越えていくかが人類共通の課題と言っていいと思いますから、政治の哲学の一つの山場ですので、もう1回深追いしたいなと。

ニリヒリズムは何かというと、虚無主義であって、そのイメージは何もかもを真空に放り出すようなものです。そして、虚無主義の中で、ありとあらゆるおぞましいものがはびこっていき、最終的に「多数者の専制」が立ち現れる。

そしてその中で、実に様々なイデオロギー化した「主義」は、ある種のニヒリズムの帰結なのだと申し上げました。

今日は皆さんがよくご存知な、世の中にあるいろんな主義が、どういう風にニヒリズムなのかを、お話しししたいと思います。

まずは、**拝金主義**。これは、ニヒリズムの必然的な帰結です。拝金主義とは、金が全て、金しか興味がない、それ以外の価値がない、という考え方です。典型的なニヒリズムです。

それから**日和見主義**《ひよりみ》、これもニヒリズムですよね。主義主張なんてなんだっていい、というニヒリズムがあるから、他人が言っていることに何でも「あ、そうそう」と同調する。その数秒後に逆のこと言われても、「あ、そうそう」とスグに同調する。

それから**権威主義**、これもニヒリズムです。結局、何が良いも悪いもないので、とにかく権威のある、例えば、「ナントカ大学の経済学部教授」の言う通りにしておけばいいだろう、というような考え方ですね。

さらに**前例踏襲《とうしゅう》主義**。これは官僚に多い。官僚も本来は政治家の方と一緒にやっていく仕事だ、ということは以前申し上げましたけど、そういう意味で官僚にも政治家スピリッツ、哲人統治的なマインドがないといけないんですけど、「面倒くさいから前にやっておいたことでええやないか」と考え始めるのが、前例踏襲主義です。何も考えちゃいない。

そして、やっぱり僕が一番恐ろしいと思う、ニヒリズムの帰結が、**全体主義**です。

この全体主義を論じた代表的な著作が、ハンナ・アーレントという人の『全体主義の起源』という本なんですが、彼女の分析からも明らかになりますが、やはり、全体主義がなぜ起こるかというのを考えると、結局ニヒリズムが原因なんですね。そこにニヒリズムがないと全体主義は起こらない。つまり、ニヒリズムがある、ということが全体主義の必要条件なんです。逆に言うとニヒリズムの社会になると、その社会は必然的に全体主義へと傾斜していくんです。

全体主義とは何かというと、古典的な定義としては、特定の集団、ならびに、その集団を支配する独裁者を想定し、その上で、「独裁者の言う通りに、その集団の全てを執り行う」というものです。

ナチス・ドイツの例が一番分かりやすいですが、彼等は皆、ヒトラーに「熱狂」しています。だから彼等の態度は、いわゆる「ニヒリスティック」（＝虚無的）な雰囲気ではない。彼等はもっと積極的に「ヒトラーは素晴らしい！　ハイル・ヒトラー‼」と叫び、あるいは逆にヒトラーを批判する人がいれば、「何言っているんだ、彼を批判するなんて、この非国民！」と激しく反応したりします。

これはつまり、ニヒリズムに陥り、虚無に陥ると、不思議なことに人間というものは、あえて躍起になって声高に叫ぶ熱狂が生ずる、ということがあるんですね。だから、ニヒリズムは、必ずしも虚脱感のある「ニヒリスティック（虚無的）」なものではないんです。少なくとも、表面的には。だけどもちろん、精神の内側まで立ち入ると、やはり、ニヒリズムは、虚脱感の塊であることは間違いありませんが――。

そういうところも含めて、「全体主義の心理」っていうのは、非常に面白く、興味深いものなんですね。

これは前回もお話ししましたが、一旦人がニヒリズムに陥ると、人間は不安になる。不思議なもので、人間というのは、頼る価値がなくなると底が抜けたようになって不安で不安で仕方なくなるんですね。そういう、取り立てて明確な対象もないまま、全般的なものとして陥る不安を**「存在論的不安」**と言うんですが、この不安は、実に巨大なエネルギーを発揮します。

例えば、拝金主義に陥った人を考えましょう。彼は、オカネ以外は信じない。オカネが貯まることそれ自体を望んでいる。いわば、彼の存在の基底にあるのはオカネなんです。でも、結局オカネなんて、いくらあったって、それ自身が、彼を満たすわけではない。でも、彼はオカネしか、彼を支えるものがない。だから、彼は、より多くのオカネを儲けようとする。1億貯まれば10億、10億貯まれば100億円が欲しくなる。それでも彼の「存在論的不安」は払拭《ふっしょく》されないので、1000億、1兆円――と止めどなく、オカネを欲してしまうんです。でも、ずーっと彼は満たされない。ざるに水を入れていくようなものです。

つまり、この例が暗示しているのは、ニヒリストは常に、存在論的不安に怯《おび》えている、という構図なのです。

ハンナ・アーレントは、ナチス・ドイツの全体主義を仔細《しさい》に分析しながら、当時のドイツ人たちのそうした「存在論的不安」にまつわる心理分析を重ねていきます。

彼女は、ナチス・ドイツが勃興《ぼっこう》する直前、ドイツ国民たちは、巨大な存在論的不安を抱えていた様子を描写します。まず、前近代的なコミュニティ、地域社会が、近代化に伴って崩壊し、それを通して、多くの人々が大きな存在論的不安を抱くようになった。そこにきて、第一次世界大戦の敗北と、それに伴う超絶なインフレ大不況を経験し、ドイツ人たちの存在論的不安がますます巨大化した。

それはつまり、ドイツ国民は、彼等の存在論的不安を解消してくれる「何か」を超絶に求めていた、ということです。無論、彼等の精神に理性が十全に宿っていたのなら、どんな状況になろうと存在論的不安に陥ることはなかったでしょう。でも、近代化の流れの中で、彼等の精神の中で（地域コミュニティが崩壊すると同時に）理性が溶解していき、ニヒリズムが広がっていったのです。そしてだからこそ、彼等の存在論的不安が巨大化していったのです。

そしてそこに舞い降りたのが、ナチス・ドイツのヒトラーだったのです。ヒトラーは、真理を声高に叫んだのではない。ただただ、ドイツ人たちの欲望に答える言説を吐き続けた。その中心にあったのが、「私たちドイツ民族は、世界最高の選ばれた民なのだ！」という選民思想であり、それをコアにした「ナチズム」だった。これは言うまでもなく、理性によって導き出された結論なのではなく、ただただ、ドイツ国民たちの潜在的な欲望を満たす「詭弁」に過ぎない。

しかし、当時のドイツ人たちは、「そんな都合の良いバカなことなんてあるわけないだろ……」という、正気を保った理性ある人ならば誰もがまず口にするであろう言葉を封印し、自らの理性の声に耳を塞《ふさ》ぎ、自らの精神の内にある理性を隠蔽《いんぺい》し、ヒトラーが主張するナチス・ドイツの思想にどっぷりと浸かっていったのです。

この時、ドイツ国民のニヒリズムは決定的なものとなったのです。そして、その瞬間に立ち現れたのが、ナチス・ドイツの全体主義だったのです。

このように、ニヒリズムになって精神に「虚無」が広がり、精神に真空が出来上がった瞬間に、何か別のモノが入り込もうとするわけです。それが、拝金主義であったり、日和見主義であったり、そして全体主義であったりするわけです。それは物理の世界の真空と同じです。真空になった瞬間、周辺から空気が入り込もうとする圧力が超絶にかかる、というあの現象です。

今の日本にも、そんな精神の空白が広がり、いろんな全体主義が日本を覆い尽くそうとし始めています。例えば、多くの現代日本人、とりわけ、「インテリ層」と呼ばれる人々の心の真空に入り込んでしまっているものの代表的なものとしてあげられるのが、**「新自由主義」**です。

政府や社会の規制は極力なくして、全てを市場取引に任せ、マネーに基づく自由競争に委ねれば、何もかもうまくいく、生産者は利潤だけ追求しておけばいいし、消費者は自らの満足の最大化だけをしておけばいいし、政府は小さい方がいいし、ムダな公共事業をやめたらい い。理論的には、「新古典派経済学」という経済理論に準拠するイデオロギーですが、これは今、ビジネス界はもとより、政界、官界にも巨大な影響力を発揮するものとなってしまっている。

この新自由主義の理論は、極めて単純な論理です。そこには、複雑性、豊穣性は全くない。人間は単なる「消費者」であって、倫理的な問題に関心を抱くようなことは一切ない、ということになっている。法人だって、世間や買い手が満足することそれ自体を喜ぶ、というようなことはない、ということになっている。しかも、全てのプレーヤーが完全な知識を持っているということになっているし、いろいろなプロセスは、一瞬で生じて、時間的な遅れは存在しない、ということになっている。

――もちろん、現実社会はそうなっていないことは誰もが知っている話なのですが、この新自由主義の理論の世界では、「そういうことになっている」のです。そして恐ろしいことに、ただ単に理論的に「そういうことになっている」に過ぎない架空の話を、新自由主義者たちは、

「本来は、現実はそうなっている」と真剣に信じているのです。

これはもう、「ナチズム」を信奉していた当時のドイツ国民と何も**変わりがありません。**現実は理論と明らかに違うのに、自分が信ずるイデオロギーを重視して、**現実を見ることをやめている**のです。そのために、現実に目を向けさせてしまう自らの内にわずかなりとも残されていた**「理性」を、完璧に隠蔽しようとする**わけです。

こうして、彼が新自由主義という「思想」の「奴隷」になればなるほどに、彼は理性を失っていくことと引き替えに、「存在論的不安」を幾分和《やわ》らげることに成功するのです。でも、そんな感覚は、一時のもの。それは「麻薬」と同じように、理性を失えば失うほど、彼の精神の真空は巨大化し、彼の本質的な存在論的不安は、巨大化していくのです。そして、その巨大な不安をかき消すために、彼はさらに過激に自らの理性を押し殺し、彼が信奉する新自由主義のより完璧なる奴隷にならんと努めることになるのです。

ホント、哀れとしか言いようのないお話ですが、自業自得と言うしかありません――。

ところで、新自由主義者の方々、とりわけ、学者、エコノミストの方々は、多くの場合、偏差値的な意味で「アタマが良い人」が多いのが実態です。彼等は、アタマが良いが故に、より完璧に、彼の虚構論理をつくりあげてしまうことができてしまうので、より完璧な思想イデオロギーの奴隷になれてしまうのです。

でも、一般庶民の感覚から言うと、そんな完璧なエリート奴隷は、単なる「アホ」にしか見えません（笑）。なぜなら、彼等は大まじめに「消費者は全ての情報を持ってるんだ！」とか「政府は常にムダなのだ！」などと、何をどう考えたって、狂人の主張としか思えないことを主張するからです。それにツッコミを入れようものなら、「お前は、教科書も読んでないじゃないか。そんな素人に何が分かると言うんだ。ホント、経済学的思考ができないバカは、これだから困るんだよな」なんて、バカにバカにされるのがオチなんですね（笑）。

ここだけ取り出すと、単なる腹が痛くなるギャグにしかならないのですが、そういう大真面目な思想の奴隷たちによって国政が動かされ、経済が動いて、実際の失業者が増えたりしているものですから、ホントに恐ろしい限りです――。

ところで、この新自由主義、やっかいなことに、「お金儲けが善」という論理とも言えますから、先に述べた「拝金主義」ともがっちり繋がっていますし、「エライ経済学者が主張してるんだ！」なんていう論理でもありますから「権威主義」とも繋がっています。さらに言いますと、「エライ人たちは皆こう言っているんだもん！」っていうことにもなっていますから「日和見主義」とも繋がっていますし、さらにさらに鬱陶《うっとう》しいことに、昨今の政府では、もうずーっと新自由主義的な政策を採用してきていますから、「前例踏襲主義」の側面もあったりします。だから、ある種、現代における「全体主義」のど真ん中にいるのが、この新自由主義者たちなんですね。

したがって、現代の「ニヒリスト」にとっては、一番とっつきやすいのが、新自由主義だ、ということになっているわけです。

だから、ニヒリストの政治家の方は、大体新自由主義に飛びついていく。

もちろん、全員がそうだ、とまでは断定することは一応控えますが（笑）、おおよその場合、現在、新自由主義的が大好きな政治家がもしもおられたら、彼はもう完全にニヒリストであって、政治家の資格はない、っていう疑義《ぎぎ》は、極めてすこぶる凄まじく濃厚ですね（笑）。

以上が、本日の「ニヒリズムの帰結」のお話でありました。

まぁ、こう考えますと、今日的な社会、経済、政治的問題というのは、ありとあらゆる側面でニヒリズムが原因なんだ、といってもおかしくないと思いますね。なぜならそもそも、理性を全部、消去する！　心を全部、なくしてしまう！　っていうのがニヒリズムなわけで、そうなれば、その空隙《くうげき》にあらゆる邪悪なものが入り込んでくるのも当たり前。

これは昔の人は、「清らかなもの」がなくなったら、「不浄なもの」が入ってくる、「魔物」が入ってくるみたいな比喩で言っていたかもしれないですね。「魔が差す」なんていう言葉は文字通りそんなコトを意味しているのでしょう。だから、新自由主義に代表される現代の邪説は、昔風に言うと、「穢《けが》れ」みたいなものかもしれないですね。

そしてもそんな「新自由主義という邪説」が世界的に展開しているのが、グローバリズムです。今や、「グローバリズム全体主義」が世界中で幅をきかせている。そもそも、グローバリズムというのはニヒリズムの必然的帰結です。国柄とか、地域ごとの価値観とかを認めないのがグローバリズムですから、それは必然的にニヒリズムなんです。兎に角良いも悪いもなく、兎に角グローバリズムという一つのルールを当てはめればいい、というのが、グローバリズムの本質ですから。

ちなみに、グローバリズムに対抗する非ニヒリズムは何と言うかというと、「インターナショナリズム」、つまり「国際主義」です。それは、まず、いろんな国があって、いろんな国柄があることを認める。そして互いに評価しあいながら付き合っていく。他者を認めながら、多様性を認めながら、評価しながら、尊敬したり実は軽蔑したりもしながら、それでも一緒に国と国が付き合っていく。これが「インターナショナリズム」なわけです。これが非ニヒリスティックな付き合い方なんですね。ですから、グローバル人材というより、インターナショナル人材と言った方が望ましい言い方なんだろうなと思います。

第11回

生きるということは「循環」し続けることです

～解釈学的循環～

前回まで、「理性」というものがあって、この理性というのは定義上ちゃんと美しいものとか正しいことが見て取れる能力である、そして、それを知っているのが哲人であり、そして、一般人でも心の中に多かれ少なかれ理性を持っている、というお話を致しましたが、今回は、この「理性」というものが、一体何なのか、ということについて、さらに突っ込んでお話を致したいと思います。

まず、**理性**というものを一言でいうと、少々比喩的で分かりづらいかもしれませんが、**「循環を見て取る力」**のことなんです。

別の言い方をすると、「自分の精神の外側の循環と同期する能力」であるとも言えますし、そんな能力があるということは、自分自身が循環していなければいけませんから、究極的に言うなら、**「理性とは、精神の循環そのものだ」**ということも言えると思います。

こういうことを言っている人たちは、ハイデガーや、ディルタイやシュライエルマッハーという、しばしば現象学や解釈学と呼ばれる哲学を論じていた人たちです。こうやって聞くと、何ともややこしい話に聞こえてくると思いますが、よくよく聞いてみると、大してややこしい話ではないと思います。

一つずつ、順を追ってお話をして参りましょう。

理性というものは、モノゴトを理解し、考える能力でありますが、実は、モノゴトを理解する、考える能力には、理性以外の、もう一つのものがあります。

それが一般に「**悟性**《ごせい》」と呼ばれるものです。

一番シンプルに言うと、**悟性っていうのは「アタマ」**のことを意味していて、**理性っていうのは「こころ」**を意味している——なんていう風に理解いただけるとしっくりくるかもしれません。

いずれにしても、「理性＝こころ」を理解する上では、この「悟性」って何なのか、っていうことは大切な意味がありますから、まずはこのお話をしたいと思います。

悟性というのは、高校受験の時にやった、数学や理科などで、用いられる能力です。特定の公式があって、それをいろんなものに当てはめていく、という能力です。足し算のルール、引き算のルールがあって、それをいろんな状況に当てはめていく、あるいは、質量と加速度をかけると力になる、という法則がありますが、その法則を、いろんな状況に当てはめる、そんな時に使う能力が「悟性」です。大人になっても、携帯電話を買った時に、マニュアルを見て操作を確認していく、なんていう時に活用する能力も悟性です。

その悟性を中心にモノゴトを考える時というのは、自分の知っている法則やマニュアルを固定し、その固定した法則やマニュアルがこの対象にどのように当てはまっているのだろうか——という格好の「当てはめ」で考える。そして、どうにかこうにか対象に当てはめ、それを通して、対象を「理解した」と考える。

でも人間のモノゴトの理解は、こうした「当てはめ」形式のモノばかりではありません。全体の状況、全体の動きをありのまま心に映し出し、それが一体どういう「意味」があるのか、ということを柔軟に考える。そして、その「意味」を見出す時には、彼が知っている何らかの既存の法則やマニュアル、物語などを活用するかもしれないけれど、特定の法則や物語に極端に固執することはない。頭の中を自由に柔軟にした上で、可能な限り、対象としている状況に、自らの精神を「同期」させようとする。そして、同期させた上で、その対象を「解釈」しようとする。

この「柔軟に解釈しようとする能力」こそが「理性」と呼ばれるものです。

「悟性」が、対象を解釈する時に、特定のマニュアルや法則を固定した上で解釈しようとしていたのに対して、理性は、あくまでも対象に合わせようとする。つまり、**悟性が固定的な解釈である一方、理性は柔軟な解釈**を図ろうとする。いわば、悟性が「アタマの良さ」を意味するもので、理性は「こころの豊かさや柔軟さ」を意味するものだ、と言うと、分かりやすいかもしれません。

あるいは、悟性が、理解の対象よりも、自分自身のマニュアルを重視し、理解対象を自分自身の「理解の鋳型《いがた》」に当てはめ、そこからはみ出る部分を徹底的に「無視」する態度を取る一方、理性は、あくまでも理解の対象をそのまま尊重しようとする。そして、自分自身の理解の鋳型を様々に柔軟に変更し、どうにかこうにか、最も「素直に理解できる理解の方法」を探し出そうと努力する。つまり、**悟性が自分の「思い込み」を重視して対象を軽視する一方、理性**

は、対象を重視し自分自身の「思い込み」を軽視しようとする。

また別の言い方をするなら、「悟性」での理解は、必ずどこかで、理解する「支点」が固定されていると考える。つまり彼等はどこかに、「ぴたっと静止した世界」が存在することを前提としている。しかし、「理性」での理解は、必ずしもそんな静止した世界を想定しない。理性でモノゴトを理解しようとする人々にとっては、世界は常に、不安定で、不確定で、動的に動き回るものであることが前提となっている。もちろん、「ぴたっと静止する」ケースがあることも彼等は排除はしない。だから、彼等は動的な世界も静的な世界も、どちらも視野に収めている。

しかし、悟性でモノゴトを理解しようとする人々は、究極的なところで絶対に不安定な「動的な世界」というものを認めない。この世界には必ず、地球の自転のような地軸のようなものがあると、イメージしているのです。

でも、世の中にはそういう回転運動もあれば、もっと複雑で不安定な運動も存在しています。生物の動きにそんな軸が存在しないですよね。さらに言うと、太陽系の太陽だって、様々な惑星に引っ張られてフラフラと動いています。だからこの世の中に、悟性だけで完全に理解できるものなんて、ほとんど――というかより厳密に言うなら「全く」存在していないのです。

いずれにせよ、**悟性はモノゴトを「ぴたりと静止した支点」を通して理解しようとするが、理性はモノゴトの動きをそのまま捉えようとする**のです。

ここまで話が及べば、「理性」と「悟性」という西洋哲学上の言い方よりも、ひょっとすると多くの日本の読者にとっては、**「活道理」**と**「死道理」**という、日本の古い学問の言い方の方が分かりやすいかもしれません。理性というものは、生命的に躍動する「活物」を理解する能力、すなわち「活動理」を意味するものです。そして、悟性というものは、動きのない、静的な死物を理解する能力、すなわち「死道理」を意味するものなのです。

神谷：今回はまさに哲学的で少し難しいですね（汗）。

そうそう、今日の話はちょっと難しいかも（笑）。そもそも、理性って何かを分かる上でのポイントになる「ぐるぐる回る」っていう「循環」っていうのが、少々説明すると難しくなっちゃうんですね……。でも、悟性っていうのは「アタマ」のことで、理性っていうのは「こころ」のことだ、っていう表現は、一番、しっくりご理解いただけるかもしれませんね。

ここで、そのあたり、できるだけしっくりご理解いただくために、前回お話しした「イデオロギー」や「～主義者」たちの思考パターンを思い出してみましょう。

彼等は、自分が信じたイデオロギーが絶対だと信じている。そして、そのイデオロギーで世の中の全てを理解し、説明し、制御しようとしている。そして、彼等はそれが「できる」と頑《かたく》なに信じている。それは、ナチス・ドイツの頃の「ゲルマン民族選民思想」しかり、現代の「新自由主義」「グローバリズム」しかりです。

だから、彼等は、彼等のイデオロギーに合致しない事実が見出されたり、指摘されたとしても、頑としてそれを認めない。そういう不都合な真実など、存在しない、と声高に主張する。この態度は文字通り、「理性」（こころ）の力が全く消去され、「悟性」（あたま）の能力だけが肥大化した精神の姿だと言うことができます。つまり、自分の思い込みだけを重視して、対象の多様性や生命的動態を認めようとはしないのです。活物を勝手に死物だと決めつけ、何もかも、都合良く対象を改造していくのです。

いわば彼は、「自分の思い込みだけに固執《こしつ》する」という意味で、哲学的なエゴイズムに陥り、彼等の精神は凝り固まったシリコンのように、硬く石化してしまっているわけです。

これを、ソクラテス／プラトンの、洞窟の比喩を用いて考えましょう。悟性でしかモノを考えない人々は、洞窟の中で首が固定されてしまい、その固定されたまま、影を見ながらしかモノを考えられない人々です。しかし一方で、理性ある人は、「洞窟の外に行って、風が吹いているとか、星が出ているとか、緑が揺れているとか、雪が降ってきたりとか――」というような「自然の営み」を見て取った人々です。つまり、もう彼の首は固定されていないのです。だから、他の悟性だけの人たちのように、何もかもを「影」に落とし込んで理解しようという、何とも不自由で愚かしいことをする必要はないのです。活物である「自然の営み」をそのまま理解できるのです。そういった精神の自由が保障されているものこそ、理性、と呼ばれるものなんですね。

さて、ここで、もう少し「理性による理解」について、詳しく考えていきましょう。

確かに彼は、自由にモノゴトを理解することができます。

でも、人間が、何かを理解する時、必ず、何かの「思想」や「主義」「アイディア」や「物語」などを用いないといけません。目の前にある鉛筆やコップですら、「空間的広がり」という概念を用いて、その位置を理解しているわけですから、全く「まっさら」なまま、モノゴトを理解できるなんてことはないわけですよね。

だから、結局は、「理性」でモノゴトを理解しようとする時でも、結局、自分が知っている何かの道具を、その状況に当てはめるという「悟性」の精神の働きがどうしても必要となってくるのです！

しかし、「理性なき悟性だけの人」と「理性ある人が用いる悟性」とは、その柔軟性に大きな相違があります。「理性なき悟性だけの人」は、兎に角、一つのイデオロギーを「固定」して、全ての現象を理解しようとします（偏狭《へんきょう》な、新自由主義者の例を思い出してください）。

でも、「理性ある人が用いる悟性」というのは、「実に様々なイデオロギーを知っており、それをさながら道具箱に入れておき、何らかの状況に出くわした時に、その状況を理解するために、その道具箱から最も使いやすい道具を一つ取り出してきて、その状況を理解・解釈する」という方法を取るのです。

　悟性だけの人は、まるで、子供がよくやる「アホの一つ覚え」のような者である一方、理性ある人は、「熟練した大工のように、様々な道具を器用に使いこなす」わけです。だから、悟性だけの人と理性ある人との差異というのは、本来は、質的な相違なのではなく、「未熟か熟練しているか」という「優劣の差」だと言うこともできるわけですね。

　ここでさらに、理性ある人のモノゴトの理解の仕方の話に戻しましょう。彼は、道具箱から一つの論理や物語を持ち出して、状況に解釈を加えます。

　そうすると、彼が直面する状況が、彼にとってまた新しいものとして立ち現れることとなります。それはちょうど、モノゴトを理解するためにメガネをかけると、それによって、新しい状況が見て取れるようになる、ということです。

　そうすると、彼はまた、そこで立ち現れた新しい状況を解釈するために、また別の道具を道具箱から持ち出します。そして、その新しい状況を上手に解釈することができる道具を見出せば、それを用いてまた状況を再解釈することになります。

　そうすると、また再々度、新しい状況が彼の前に立ち現れることになります。

　そうすると彼はまた、新しい道具を探し出し――ということが、無限に繰り返されることになります。

　つまり、解釈すればするほどに、新しい解釈が必要になってくるのです。

つまり、解釈というものを、真面目にやろうとすれば、そこには必ず「ぐるぐる回る循環」が立ち現れるのです。

こういう解釈における**無限の循環**は、しばしば哲学では「**解釈学的循環**」と呼ばれています。

もちろん、この解釈学的循環を強制的に終了させることはできます。

それは、「世の中を解釈するには、このメガネを使うことだけにする。それ以外の道具は一切禁止にする！」というルールを用いれば、この無限の解釈学的循環は終了します。

が、それが一体何かといえば、それこそが、「悟性」によるモノゴトの了解だ、ということになりますね。つまり、悟性を避けて、真面目に状況を理解しようという「理性」があれば、自ずと我々は無限のぐるぐる回る循環の中に誘い込まれてしまうのです。

では、そういう解釈の無限の循環に誘い込まれてしまう様子を何というのかと言えば——それこそが、「考える」という行為なのです！

ただし、こういう「循環」は、我々の精神だけに立ち現れるものではありません。

この自然界で生命が宿るものは、何もかも、この「循環」の内にあるのです。

もう一度、洞窟の比喩を思い出してみましょう。理性ある哲学者が見出したのは何かと言えば、それは、洞窟の外の「自然」そのものでした。

その「自然」というものの特徴は、「動き」がそこにあることです。しかも、その動きは、直線的な動きではない。太陽は回る、星も回る。そして、風の流れも水の流れも「循環」していいます。そこで暮らす動物たちの間にも、食物連鎖《れんさ》という、大きな「循環」がありますし、一匹一匹の動植物もまた、それぞれの環境の中で、食料採取と排泄や呼吸といった「循環」を果たしながら生きています。そしてさらに言うなら、季節そのものも「循環」している。

つまり、自然の動きの基本は全て、「循環運動」なわけです。

哲人は、洞窟の外に出て行って、そういう「自然の循環運動」を見て取るわけです。

そして、哲人はそんな様々な循環がそこにあることを見て取る力を身に付けたわけであり、これこそが「理性」というわけです。そして、そんな大きく循環している自然の中で、私たち人間は生きています。

だから、私たち人間が、そんな自然の中で生きていくためには、その自然の循環を理解し、その自然の循環の中に、一つの循環要素として参画していかなければならない。そうでなければ私たちは、この大自然の中でほんの一瞬たりとも生きていくことなどできなくなります。

つまり、大きく循環する自然に働きかけ、そこから「恵」をいただくと同時に、様々な自然からの猛威から身を守らなければならない。だから私たちは自然の循環に働きかけ、恵をいただく「農」を行う。荒ぶる山や川を治め、そこで暮らしていくために、治山、治水の「土木」の営みを図る。

そうすると、私たちの農や、治山、治水によって、自然の循環が変化する。そうすると、また新しく生じた自然の循環に、私たちは適応しなければならない。そうやって新しい農や治山、治水を図っていく。

そして、この人間と大自然との間の循環もまた、果てしなく続きます。

この循環は、「解釈学的循環」と全く同じ構造を持っています。

解釈学的循環とは、「自らが認識する状況」に「ある解釈を加える、という働きかけ」をすれば、「新しい状況」が立ち現れる、そして、その「新しい状況」に対して、また再び「ある解釈を加える、という働きかけ」をすれば、「新しい状況」が立ち現れる――という循環でしたが、ここで申し上げた、「農と土木」による働きかけもまた、「自然状況」に「ある農と土木による働きかけ」をすれば「新しい自然状況」が立ち現れ、その「新しい自然状況」に対してまた再び「ある農と土木による働きかけ」をすれば、「新しい自然状況が立ち現れる」――という循環が存在しているわけです。

つまり、「解釈学的循環」を「物理的な自然環境」の現場で繰り返すという営みこそが、「農と土木」だということができるわけです。

そして、解釈学的循環を繰り返す力を「理性」「活動理」と呼ぶとするなら、この「農と土木の自然環境的循環」を駆動させるために必要な力もまた「理性」「活動理」であるということができるのです。

ところで、少なくともこの「農と土木の自然環境的循環」には、物理学的な終結は、存在し得るものであると考えられます。なぜなら、自然環境には、一定の生態系的安定というものが存在し得るからです。そうであるとするなら、人間存在もまた、生態系的な安定の一要素として埋め込まれる状態を想像することは可能です。例えば、私たち日本・瑞穂《みずほ》の国の、「天皇制下での稲作」というものは、そういうものだったのかも――しれません。

いずれにしても、「理性」「活動理」というものは、「生命」を基本とした循環を理解し、そして、自らの生命が参画するあらゆる循環を回し続けることができる力をいうのです。そして、そうやって、**理性や活動理をフル稼働させながら、あらゆる循環**を展開させていくことが、**「生きる」**ということなんですね。

そして、そういうややこしい循環だとかなんだとかをやってのけるモノを、普通の日本人は昔から**「こころ」と呼んだ**んです。で、その「こころ」を助けるものとして、いろんな分析をやってのける「アタマ」があるんだと、日本人は考えたわけです。だから、大事なのはアタマの良さなんかじゃないんです。こころの豊かさ以上に、人間にとって大切なものなんて、何もないんですね（笑）。

神谷：正直、今回は今までの中で一番難しいお話で、100％理解できたとは言えません。また、繰り返しお話を聞かないと（汗）。

そうですね、「理性」を「悟性」的に説明しようとしているので、どうしても難しくなっちゃいましたね（笑）。でも、要は理性というのは、動きが読める力、なわけです。例えば、戦争とかで「大局が読める力」こそが理性だと言って良いわけです。戦争で重要なのは動きですよね。

神谷：なるほど。優秀な将軍は、先生のおっしゃるところの理性を持っている！　過去の戦争のデータをいくら持っていてもダメなんですね。リアルタイムに進行する現場でどれだけ指揮を取れるかというのが優秀な将軍であって、知識で対応できる訓練とは違うんだ（汗）。

そう。戦場ってのは循環です。敵がいるんだから、言うまでもなく、敵は、生き物ですよね（笑）。「死物」であればカンタンに撃滅《げきめつ》できますが、向こうも必死で生きているし、こっちも必死で生きている。こういう戦略をやったら、相手はこう出るかもしれない、だとすると、こちらはこう出ていかなければ――っていう格好で、こちらと敵との関係は、循環になっていますよね。そしてこの場合の理性というのは、こういう敵と自分の相互関係を、大局観を持って瞬時に読み解きながら、自らの振る舞いの一つ一つ、一手一手を決断していく力です。カンタンに言うと、将棋でもそういう「理性」の働きがないと、絶対相手に勝てないですよね（笑）。

神谷：囲碁や将棋にたとえると、分かりやすいかもしれませんね（汗）。

戦争にせよ、囲碁や将棋にせよ、「アホの一つ覚え」のような固定されたマニュアル的な戦い方——つまりそれが、悟性だけでの戦い、ということです——では、ちょっとでも強い相手が来ればすぐに負けてしまいますよね。戦況や大局を見据える力、つまり「理性」があってはじめて、まともな戦いが可能となるのです。

で、政治家に求められるのもこういう感覚なんです。ただ当然ながら、戦争の場合は、その循環の目的は「勝利」です。で、生命一般の「生の循環」が何を目的としているかと言ったら「生き残ること」です。言い換えると、危機を乗り越えることですよね。生きるということとイコール危機を乗り越えることと言ってもいい。ぼーっとしていたらお腹が空いて死んでしまうわけですから、私たち人間は、実は四六時中危機に直面しているわけですよね。そしてそういう危機に対して対応する力、つまり、様々な循環を駆動させる力というのが、理性っていうわけです。そして、政治家の目的は、領民、国民の安寧《あんねい》と幸福ですし、もっと究極的に言うなら、その地域や国が「生き残ること」ですね。繰り返しになりますが、私たちの地域も国も、四六時中危機に見舞われているわけですから。

ところが「悟性」だけの人たちは、これを理解することが、全くできないんです。先ほども説明しましたように、彼等は自分が大事にしている理屈やイデオロギーだけで、世の中を解釈し、解釈できないことは「存在していないこと」にしてしまうわけですから、当然、「危機」なんて、とうの昔になくなったことになっちゃっているわけですね（笑）。

ちなみに、当方の直感で申し上げると、いわゆる「インテリ」と呼ばれる人たちの9割方は、もう、理性がなくなって、悟性だけになって霞が関、永田町で内閣官房参与として6年間勤めた経験から申し上げると、今の日本の中枢にはホント、あたま＝悟性だけがすぐれた、理性＝ココロの無い輩がうじゃうじゃいます。聞くところによると、少し前まではそうじゃなくて、こころ＝理性のある立派な優秀な官僚や政治家がたくさん日本にはいたそうなんですが……ホント残念ですね（苦笑）。つまり、頭でっかちで、心なき方々が大半だ、ってわけです。

一方で、日本でも田舎町に行って、いろんな地元コミュニティの方々にお目にかかると、逆に9割方は理性があるように、つまり、しっかりとした豊かな「こころ」を持った「心ある方々」であるように思います。そういうところの講演会なんかでお話しすると、聞いてくださる方々にズバズバと理解されている雰囲気が、こちらにも伝わってきます。

なぜそうなるのかと言えば、地方共同体には「コミュニティ」「共同体」として、「理性」が集合的に残されているのではないかと思います。地域社会、共同体には、人を真っ当にさせる力があるんだと思います。それはおそらく、地域社会、共同体それ自身が、大きな循環を形成し、かつ、その循環が、何らかの形で自然の循環とも連結しているからではないかと思います。

いわば、地方の人たちは、「大地」と何らかの形で「接続」されているわけですね。

ところが、インテリになると、「スーパー悟性の塊」にみたいになってくる。これは一つには、東京を始めとした大都会は大地から遊離《ゆうり》したヴァーチャルな共同体を形成していて、どこかで正気を失っているからなんだろうと思います。またもう一つは、受験がそういう傾向を助長しているんだと思います。僕が受験をやっていた時は、悟性を鍛えるだけの受験勉強ばかりやっていては、自分の理性が劣化し、最悪失われてしまうんじゃないか――という恐怖心があったのを覚えています。だから、「友人や家族、自然、音楽、文化等の〝循環〟に同期しておく体験を24時間中、最低限数時間程度は確保しておかなければ――」という感覚がずっとありました。でも、そういう感覚がないまま、ただひたすら悟性を鍛えることだけに時間を使って、大学に入ってくる人たちもいるんじゃないかと思います。そういう人たちは、おそらく、「理性」が退化してしまって、悟性の塊みたいになってから、大学に入ってきているんじゃないか――と思います。

で、実際、「悟性のスーパーチャンピオン」にならないと、特定省庁にキャリアとして入ることが難しい――というような状況が今起きているのかもしれません。例えば、オリエンタルラジオのあっちゃんは、受験勉強を必死にやっていた頃「財務省の事務次官以外は、全員人間のクズだ！」と、本気で思っていた、とテレビで話していましたが、そういう感覚っていうのは、リアルに存在しているのではないかと思いますよ。ホンットにマジで（笑）。

まぁその省庁がどうなのかはよく知りませんが、現代において理性が駆逐《くちく》され、ニヒリズムが深化しつつあるのは、自然から遊離した大都会が形成されてきたこと、そして、そういう悪しきエリート主義があるのかもしれません。だとしたら、今日私たちの社会のニヒリズムの深化は、相当構造的に深刻な問題だと言えるのかもしれませんね。

神谷：人間は生き延びるために理性を研ぎ澄ませておかないといけないというお話になるかと思うんですが、先進国になると死のリスクが減っているので「悟性」だけになりやすいんですかね。私、近々インドに行くんですよ（笑）。

僕インド滅茶苦茶好きなんですよ。新婚旅行でもインドに行きましたし（笑）。あそこは、ホントに悟性っていうより理性の国、アタマなんてそっちのけで、こころを大切にする国、っていう感じですよね。

神谷：インドもまだまだ貧しい人がいて、そういう発展途上国に行くと生きるために必死な方を実際に見ることがあります。明らかに我々日本人の方が良い生活をしていて、物資的にも恵まれているはずなんですけど、人間としての強さとかパワーを途上国の方から感じる時があるんですよね。それが先生がおっしゃっているところの、理性という考える力、循環をさせる力なのかもしれないと思いました。

また、先生がお話になった「解釈的循環」を政治の世界で、どういう風に捉えればいいか、少し聞かせてください。

そもそも「解釈」というのは、「物語」です。つまり、「物語」というものを別の言葉で言いなおしたものが「解釈」なのです。全ての物語は解釈であり、全ての解釈は物語です。で、その「物語」というのは、政治において何よりも大切なものです。例えば「強い日本をつくる」という言葉があるじゃないですか。

それを政治的に言うと、次のような物語です。「昔は強かった、だけどいろんな危機が訪れて弱くなってきた。このままだったらダメになっていってしまうかもしれない。でもそれに対して我々が果敢に抗《あらが》って、そして強い日本をつくって、そして子々孫々豊かになって、しかも世界を救ってやるんだ」。これが、「強い日本をつくる」物語であり、それが一つの解釈になっているわけです。こうやって、これまでの歴史を「解釈」して、そして、その解釈に基づいて、これからの歴史をこうつくるんだという「決意」を見せているわけです。そして、そういう物語があって初めて「強い日本をつくる」という言葉に意味が宿り、それで人々の心に訴えかけることができ、人々の力を結集させることができるわけです。つまり、物語によって、政治は動くのです。

逆に、今言った物語を社会的に共有できていなかったら、「強い日本をつくる」というと「お前、また軍国主義者になりたいの?」なんていう風に、勝手に解釈する人も出てくる。彼等は次のような物語を持っているわけです。「昔、日本は軍国主義で悪いことをした。すごく立派な国にボコボコにされて、弱くなった。だから僕たちは反省しながらずっと生きていないといけない。でもこの国の中に悪い奴らがいて、そいつらがまた再び、軍国主義をやっていこうとしている。それが〝強い国をつくろう〟という言葉だ。そんな言葉は早く潰さないと悪いことになって、もっともっと僕たちがいじめられてしまう。」――彼等は、概《おおむ》ねこんな風に考えているわけです。

いずれにしても、**政治というものは物語**で、それを「解釈」という言葉をつかって言い直すなら、政治というものは、その時々の人びとの状況をどういう風に「解釈」するかで動く、とわけです。現状を「強い日本に向かう、前の状況にあるんだ」と解釈するのか、あるいは、「もうこれから日本は滅びるしかない国であり、今、滅びる一歩前の状態であり、もう、どうしようもない状態なんだ」と解釈するかで、今、どういう政治をするのかが全然変わってくるのです。これが、物語が政治を動かす、という言葉の意味です。そして、その物語の表象が「政治的スローガン」なわけです。逆に言うと、そのスローガンの背後にはどういう物語があるのか、ということを常に認識しておくことが、政治を行う上で必要なのです。そして、その物語が、国益にかなうものなのか、それとも有害なものなのかを考え、もしも、有害なものであるなら、その物語を「転換」（ピボット）させることが不可欠になります。
そして、そんな「物語の転換」こそ、「解釈学的な循環」のことなわけですね。

神谷：「政治」と「解釈学的な循環」が繋がりました。

「自分自身の人生をどう生きていくのか」、というのは、「どういう物語を自分に対して持つのか」ということと全く同じです。政治の物語がマクロだとすると、人生の物語はミクロですが、両者は、全く同じ構造になっているんですね。

だから、政治にしても自分の人生にしても、①様々に発言したり実践したりしながら、②その発言や実践で状況が変わればその状況にあわせた新たな発言や実践を重ねる、ということを繰り返していくのは、まさに「解釈学的な循環」のプロセスなわけです。人生と政治が少し違うという点があるとするなら、その循環を展開させていくにあたって関わる人数（あるいは、関わらせなければならない人々の数）が多いのか少ないのか、という程度の差があるだけとも言えるでしょうね。政治においては、人だけで循環しているのではなくて、皆と一緒に循環させていくということですね。政治というのは、そういう社会的循環行為そのもの、と言っていいでしょうね。例えば、このようなことが求められます。濃密な共同体があれば、その中で何か、社会的、政治的なことを発言しちゃったら、それはもう、やる責任が濃密に出てくる。そういう意味で共同体がしっかりしていれば、循環も共同化しやすく、結果、政治も展開しやすくなっている、ということですね。

コラム 8 強い日本をつくろう!

MMT(現代貨幣理論)は悟性だけでなく「理性」があって初めて理解できる。
~MMTがインテリ層から嫌われる理由~

最近話題になった経済理論で、「MMT」(現代貨幣理論)と呼ばれるものがあります。今の日本におけるこの理論を巡るメディアや政界における議論は、「理性」と「悟性」の違いを認識するためにも、そして、今の日本のインテリ層は、いかに「理性」を欠き、「悟性」だけが幅を利かせた極めて不健全な状況にあるのか、をご理解頂くのに、至って好都合の状況にあります。ついては、理性や悟性、活動理や死道理とは何かをご理解頂くという趣旨にて、MMTを巡る、現状の日本の議論状況を紹介したいと思います。

まず、MMTに従うと、「今のデフレ状況下にある日本では、政府はもっと支出を拡大するとともに、消費税については増税よりむしろ5%程度に減税することが必要である。そうすると、日本国民の貧困化や格差の拡大は食い止められ、人々の所得は拡大し、格差は縮小していく。それと同時に、日本経済全体が拡大していき、世界経済における日本のプレゼンス（存在感）が拡大していくことになる。」という結論が導かれることになります。しかし、この結論は、現在の主流派経済学や、霞が関や永田町における「財政を切り詰め、消費税はもっと上げなければ、日本の財政はヤバイ」という結論と「正反対」のものです。したがって、主流派の経済学者たちや与野党を含めた「重鎮《じゅうちん》」の政治家たち、そして政府の多くの官僚たちは、このMMTの中身をほとんど何も検証しないままに、このMMTは「何やらいかがわしい、デタラメな理論だ」というレッテル貼りをしようとしています。

しかし、既存の主流派経済学に基づく議論を一旦さて置き、可能な限りまっさらな先入観の無い心持ちでMMTを正しいかどうかを吟味すれば、一定の知性ある人ならば誰もがその「正しさ」が見て取れるものとなっています。

まず、このMMTの中心にあるのは、「貨幣というものは政府が供給するものだと」という想定です。で、この想定は、どんな学者を連れてこようが否定し難い「事実」です。例えば、あの一万円札には「日本銀行券」と書かれているように、あれは日本銀行が発行したものであり、かつ、日本銀行は定義上「広義の政府の一機関」なのです。そして日本銀行は、日本国政府に万が一のことがあれば（例えば、借りた金が返せないと言う事態が生じれば)、「特融」という制度を使って、日本国政府にいつでもいくらでも政府にカネを貸すことができます。

次にMMTはこの事実に基づいて、「したがって、政府はカネをどれだけ借りたとしても、破綻《はたん》=デフォルトすることはない」と考えます。この点についても、日銀特融の制度を考えれば、どんな学者も否定することのできない「事実」です。

さらに、MMTは、貨幣の「循環」のプロセスに着目します。そして、「しかし、政府があまりにカネを使いすぎると、市場にカネが出回りすぎ、過剰なインフレ(物価上昇)が導かれる。だから、政府は、『借金総額がどれくらいなのか』ではなく、『インフレか否か』に基づいて、支出額を抑制すべきだ」と主張します。この主張もまた、特に異常に述べた二つの事実を踏まえれば、どんな学者であろうが否定しようのない正しいものだと言わざるを得ないものです。

以上の三点が、MMTの中心的命題で、誰がどれだけ考えても、否定しようのないものばかりです。

したがって、「借金は悪いものだ」という凝り固まったイデオロギーさえなければ、馬鹿でなければ誰でも理解できるはずなのですが、上述のように、実に多くの学者、政治家等がMMTを批判しています。

なぜ、そういうことになっているのかと言えば、実は今の日本の経済政策に携わる人々のほとんどすべてが「理性＝こころ」で経済現象を解釈しているのではなく、「悟性＝あたま」だけで経済現象を解釈しているからなのです。すなわち、彼らは、「現実の経済現象」「貨幣の循環現象」を直接眺めようとしておらず、「大学の教科書に書いてあった理屈」や「これまで先輩や先生方に教えてもらった理屈」ばかりを眺め、それが間違っている可能性を、全く考えないのです。なぜそうなるのかというと、彼等には「理性＝こころ」がなく、したがって、事実を見ずにただただ教科書や先生や先輩から教えてもらった「机上の空論」を「悟性＝あたま」だけで理解し、それだけを使って、あらゆる判断を行おうとしているのです。

一方で一部の学者たちは、ＭＭＴの「正しさ」を瞬時に見て取り、ＭＭＴが正しいと主張し始めます。そうした学者は、悟性のみならず「理性」も持ち合わせている人々です。ですから、「現実の世界」と「自分が知っている理屈」との対応を常に図りながら、それぞれの理屈には限界が存在することを認識し、できるだけ適切に世界を解釈しようと考えている人々です。だから彼らは、ＭＭＴがこれまで見聞きした理屈とはどれだけ異なるものであろうが、世界の動きをそのまま把握しようとする「理性」の働きでもって、ＭＭＴの真実性を見て取ることができるわけです。

しばしばＭＭＴが「天動説から地動説への転換」だと言われるゆえんはここにあります。コペルニクスが地動説を主張した時、あらゆる学者たちが天動説を主張していため、最初はだれもコペルニクスの地動説を信用しませんでした。むしろ、激しい批判を差し向けました。しかし、コペルニクスが提示するさまざまな「事実」を「理性」でもって解釈すれば、真実は天動説ではなく地動説だと考えざるを得ない、という人が一人、また一人と増えていったわけです。

今のMMTはまさにそうしたプロセスの途上にあります。

事実、MMT貨幣の取引の実務に携わる税理士さんたちや、銀行マンたちは、あっさりとMMTの正しさを理解します。それはMMTが事実を語っているだけの理論なわけですから、当然の話なわけです。

一方、いわゆる「大学の経済学部での教育」を受けていない「非専門家」の一般の人々は、すんなりとMMTを理解していきます。専門家ではない一般の人々は、彼らの「悟性」の中に、「経済学」という特殊なイデオロギーが刷り込まれておらず、MMTの理解を妨げるものがほとんどないからです。

しかも、一般の人々は、悟性だけでものごとを認識し、判断する機会それ自体が少なく、理性を働かして解釈し、判断する能力それ自体が、大学で専門教育を受けたエリートたちよりも概して高いのです。だからこそ、経済学者や経済学部出身のエリートたちよりも、一般の人々の方がMMTをより容易く理解することが可能なのです。

——以上のMMTを巡る議論は、いかに今の日本の経済学者や政治家たちが、「机上の空論」だけで経済政策を展開しているのか、いかにそうした日本のインテリたちは理性を欠いており、悟性だけでものごと判断しているか、ということを意味しています。それと同時に、そうした悟性に基づく政策判断は、大きな被害を生み出す一方、その被害を回避するためには、理性の力がどうしても必要であることも意味しています。

だからこそ、日本の衰退を食い止め、日本の再生を図るためには、悟性でしかものを考えられない、理性を持たぬ現状の経済学者やエリートたちに支配された状況を打破し、現実を見据える「理性」の力を、政界において復活させる他に道はない、と言わざるを得ないのです。

第12回

全体主義のテロルを止めることが「政治の哲学」の使命

～全体主義～

これまで哲人統治から始まり、その真逆のニヒリズムについてまであれこれをお話しして参りましたが、今回は、ニヒリズムの帰結の中でもとりわけ、最もおぞましい社会現象である**「全体主義」**についてお話ししたいと思います。

全体主義は、今、俄《にわか》に日本中、果ては世界中で改めて注目を集めつつあるように思います。例えば、昨年（平成25年）暮れに、「ハンナ・アーレント」という映画がありましたが、そのテーマはずばり、全体主義でしたし、同じく去年の暮れに京都で主催した国際シンポジウム「グローバル資本主義を超えて」でも、ハンナ・アーレントの全体主義の概念を取り上げました。

前回は、「循環」と「生命」「理性」のお話をしていましたね。世の中というのは、基本的に何もかもが循環していくものであって、一直線に進んでいるものでも、どこかで淀《よど》んで止まっているものでもない、常に循環でグルグル回っていくのが、自然であり社会であり、そして、精神である、というお話をしました。

なぜ循環しているのかと言えば、そこに「生命」があるからです。

生命は、物理法則に沿って動いているのではなくて、環境に対して様々に反応しながら動く。だから、自然に生命が満ち満ちている限り、自然は反応しあいながら、様々な形で絶えざる循環を繰り返す、ということになるわけです。

そして、精神のど真ん中にある生命の源が「理性」であって、この理性が、様々な生命に反応をして、様々に解釈をし、様々な実践が織りなされていく――そんなお話をしたと思うのですが、そういう精神の働きがなくなったらどうなるかといえば――前々回、前々々回にもお話ししたように、それこそが「ニヒリズム」と呼ばれる状況であり、その帰結として、必然的に、世の中が全体主義化していくんですね。

「全体主義」については、ドイツ系ユダヤ人の哲学者で、ハイデガーの弟子でもあるハンナ・アーレントが『全体主義の起源』という名著で仔細に論じています。以前も少しお話ししましたが、全体主義というと、すぐ思い出されるのがヒトラーのナチス・ドイツですね。その他にも、スターリンのスターリニズムや、中国の文化大革命、あるいは現在の北朝鮮もそういう風に解釈されていますよね。

これらの事例はいずれも「国家」の話ですから、全体主義といえばスグに「国家主義」と同義語のように理解されることもあるようですが、国家主義と全体主義は全然違うものです。全体主義というのは、国家に宿ることもありますけど、学校に宿ったり、クラスに宿ったり、グローバルに宿ったり、いろんなところに宿ったりするものなんですね。例えば、**「いじめ」というのは全体主義の要素全てをふんだんに含んだ社会現象**です。

神谷：こういうお話を聞くと、子供たちの学校でネットなども使った「いじめ」が、これだけ問題になるのも、単なる学校や教育委員会の課題ではなく、日本社会全体に病巣《びょうそう》があると考えざるを得ないと言えるかもしれませんね。

まさにおっしゃる通りです。

さて、この全体主義ですが、簡単に定義するとこうなります。すなわちそれは、**「とにかく全体の方針に従うべきである、という考え方および社会現象」**。全体主義ですから、主義主張の「主義」でもあるんですが、実は「社会現象」を意味する言葉でもある、というところが、全体主義の特徴です。なぜそうなるのかというと——全体主義の中身が、カラッポだからです。

カラッポだから、結局「現象」がなければ定義しようがなくなってしまっているのです。

普通の「主義」は、自由主義にしても共産主義にしても社会主義にしても、何らかの考え方の「中身」があります。でも、全体主義については中身がなくて、ただただ、「とにかく全体の方針に従え」というものなんです。だから、全体主義は、カメレオンのように、何にでもひっつくことができる。自由主義全体主義、共産主義全体主義、社会主義全体主義、という風に。その意味で、全体主義の内実が、虚無なのであって、定義からしていきなり、ニヒリズムなわけです。

逆に言うと、全体主義は虚無主義／ニヒリズムを積極的に〝形〟にしたものなんですね。何にもないものを無理矢理形にすると、カメレオンのように、何にでも変身できる化け物となった、ということですね。

だから、全体主義者は、自分の主義主張の一貫性なんて、何にも気にしない。そもそも、中身がカラッポで、カメレオンのように、適当に主義主張を並べ立てているわけですから、そうなるのも必然です。例えば、「靖国に行くべきだ」と言いながら、別の神社では平気で英霊を侮蔑できたりする。国柄を守るんだと言っておきながら、平気で国柄を破壊する構造改革を断行する。文字通り、もう何でもあり、なわけです。

が、そもそも民主主義は全体主義になりやすい。「民」というのを「全体」と見なして、民が多数決で決めたこと、世論の風潮で支持するものを、政治家側で一切吟味《ぎんみ》することなく、兎に角何もかも全て是認《ぜにん》して、それを採用する——という方針は、「民主全体主義」とでも言うべきもので、全体主義そのものとなります。

それは文字通り、ニヒリズムです。ニヒリズムと民主主義が結託《けったく》すれば、そんな民主全体主義が生まれるわけです。

例えば、選挙の時に、そこら中にある思いつきのような施策《しさく》を全て「マニュフェスト」にぶち込んで、選挙に勝ったら、それら施策の整合性、ひいては、その有益性も何もかも一切吟味せず、ただただ機械的に「マニフェストに書いてあるから」というだけの理由で、執行していく——というのは、いわば、「マニフェスト全体主義」「選挙全体主義」です。その象徴が、国政レベルでは事業仕分けだったわけですが、地方自治体でも、今、こういうメチャクチャな全体主義がはびこりつつある。

昭和時代にはここまで非道くなかったのですが、ホントに平成の御代《みよ》になったあたりから、こういう「民主全体主義」がはびこりだしてしまった。

これはもう、一種の狂気です。正気ではない。政治は、国民、市民のためのもの。そのために、是々非々で判断する、というのは、当たり前のことです。でも、そうでなくなってしまった。ヒトラーの全体主義を狂気だと思うのなら、今日、我が国で行われている民主全体主義もまた、狂気と言わなければならない。

でも、おそらく、多くの国民は、今の日本の政治が「狂気」だとは思っていないでしょう。それを「当たり前の、普通のこと」だと思っているのだと思います。

でも、それは、ナチス・ドイツの時だって、当時のドイツ人はそれを狂気だなんて思っちゃいなかった。当時のドイツ人にしてみれば、それは全く「普通のこと」だったのです！

全体主義の恐ろしさは、その外部にいれば、狂気にしか見えないことでも、内部にいれば狂気だとは思わない、それが普通のことに見えてしまう、という点にあるんですね。

よくイジメで自殺した事件などの報道を見ると、報道を見ている方は、なんておぞましい狂気がクラス全体に蔓延《まんえん》していたんだ——なんて思うわけですが、そのクラスの中にいた生徒たち、教師たちは、そのイジメが行われている間中、それを狂気だなんて思っちゃいなかったわけです。そのクラスで狂気だということに気付いていたのは、まさに、いじめられていた子供、ただ一人、なんでしょう。

では、なぜ、そんな狂気が全体主義の中で蔓延するのかと言えば——それは繰り返しとなりますが、彼等がニヒリズムに陥り、価値観というもの、理性というモノを喪失しているからです。ですから、彼等には善悪、正邪、美醜、真偽の区別がつかなくなってしまっているんです。

そうなると、彼等に残されているのは、ありとあらゆる「欲望」です。その中には、カネ、名誉、のみならず、「嫉妬《しっと》」や「存在論的な不安を打ち消したい」というおぞましいものも含まれている。

だから、全体主義というのは、何でもありなんですが、何でもありであるが故に、その集団が潜在的に持っている「欲望」を満たすような「意見」「主義」「イデオロギー」が任意に選ばれる。そして、そんな借り物の意見、主義、イデオロギーの名を借りて、潜在的な欲望が社会の表舞台にどっと噴出《ふんしゅつ》し、欲望の巨大な嵐が好き勝手に暴れ出すこととなる。

例えばハンナ・アーレントが書いているのは、「ユダヤ人は権力もないくせに金だけは持っている、なんか腹が立つ」という気持ちが、当時なんとなくあった。だから、反ユダヤ主義、というものが、さも立派な理屈をまといながら、全体主義の中で採用されていく。

クラスの中では「なんかむしゃくしゃするから、誰か一人を徹底的にいじめてスッキリしたい」「誰か一人いじめておけば、自分がいじめられる恐怖から逃れられる」といった雰囲気があるから、なんかのきっかけに「誰かをいじめる」というルールが全体主義の中で採用されていく。

あるいは、大阪市だったら、東京に対する劣等感が、大阪市民の間で潜在的に共有されているから、そんな劣等感を払拭《ふっしょく》するようなイメージの「ナントカ構想」なんてものが一定の人気を博したりしていく。

もちろん、反ユダヤ主義にせよ、大阪のナントカ構想にせよ、イジメにせよ、真っ当な理性で考えればいずれもいかがわしいものに過ぎない、ということが即座に見て取れるわけですが、それらはいずれも、潜在意識の点から「耳あたりのいい論理」を提供するものなので、ついつい、何十回、何百回とそれを主張する言説や振る舞いを見ている内に、全体主義がフワっと出来上がるわけですね。

「フワっとした民意」という言葉がありますが、まさにこれなんですね。その言葉は、それが全体主義であることを暗示していたわけです。

そういうことで、全体主義は中身がすっからかんなんですけど、何となくそれっぽく聞こえるし、ずっと繰り返されるとそうかなと思うし、しかもそれぞれ人々の心の中にある俗情とか潜在意識とか出世欲とか恐怖とか、なんかそういう蛆虫《うじむし》が湧いているような汚いものとは共鳴するのです。それだけをうまくまとめあげると全体主義が出来上がる――そんな話を、ナチス・ドイツの例を引き合いにして、ハンナ・アーレントが、事細かに論じ立てている。

神谷：こうしてお話を聞いていると、改めて、ここ数年自分が政治の世界で戦ってきた「モノ」の正体がつかめてきた気がします。「感覚」でつかんでいたものをうまく言葉にしていただいたように感じます。

なるほど。神谷さんにしてみると、きっとそうなんだと思います。実際ハンナ・アーレントは、皆が何となく感じていた「空気」を、徹底的に論理化、つまり「言葉」にしたんですね。だから彼女の仕事は、我々人類にとって、特に、この全体主義が暴れ出した現代の人類にとって、極めて重要な仕事だったんだと思います。

で、彼女はこの全体主義現象を論ずるにあたって、非常に面白いことを言っている。

第一に、こうした全体主義が出来上がるのは、個人が砂粒のようにバラバラになっていること、すなわち大衆社会が存在していることが、重要な前提なのだ、ということを指摘しています。

もしも、その社会が、そういう大衆じゃなくて、互いが協力しあうコミュニティ、共同体があれば、そう易々《やすやす》と、そんなカンタンに、得体の知れない主義主張が全体主義的に採用されるようなことはないわけです。なぜなら、社会的に形成された共同体、コミュニティの中には、何らかのルールや規範、そして何より「常識」が共有されていますから、人工的なイデオロギーが入り込む余地が、最小化されているわけです。そして、そうした常識というものは往々にして歴史的、伝統的に培《つちか》われてきたものですから、それは、自然や社会の循環と整合する

「理性的」なものであることが一般的です。だから、全体主義は入り込めない。ところが、砂粒のようにバラバラな大衆社会では、そういう常識がなく、全体主義が入り込む余地がふんだんに存在している、という次第です。

この点については、次回、より詳しくお話ししたいと思います。

そして、もう一つ重要なポイントは、全体主義が生じてしまうと、どんな現象が必然的に生じてしまうのか——という点についてです。

アーレントは、全体主義の本質は何かというと一つはプロパガンダであり、もう一つはテロルだと言っています。

プロパガンダというのは、例えばナチスの場合では、「ドイツがとにかく立派なんだ」というのが民族純粋主義、選民思想というのを、映画や音楽や新聞、ニュースなど、ありとあらゆるメディアを駆使して、国内外に喧伝《けんでん》しまくるというものです。例えば、今北朝鮮で「将軍様」がいかに素晴らしいかというメッセージが、繰り返し報道されているようですが、これもまた、全体主義におけるプロパガンダの一種です。

これはつまり、そもそも全体主義が採用している主義主張は、理性に訴えかければ「誤り」であることが瞬時に見て取れてしまうものですから、そうした理性の耳を塞《ふさ》ぎ、理性の声を隠蔽するために、極端なプロパガンダが展開されるわけです。

そして、このプロパガンダと表裏一体として展開されるのが、「テロル＝暴力」です。

テロルは、ナチスの場合には、ユダヤ人たちに対する弾圧という形でも立ち現れましたし、ドイツ国内で反ナチスを掲げる人たちに対する徹底的な弾圧という形でも立ち現れました。そして、ドイツの近隣諸国に対する軍事的侵略という形でも現れます。

これらは皆、プロパガンダで喧伝されている主義主張（ゲルマン民族は選ばれた民である、というイデオロギー）を「現実に証明」するために、そしてもちろん、その主義主張を否定する人々に、その正しさを「強制」するために遂行されたものです。

そもそもプロパガンダは、現実から乖離《かいり》した論理を掲げます。

したがって、プロパガンダの正しさは、何もしなければ、絶対に証明できないのです。だから、プロパガンダを重ねれば重ねるほど、それが正しいのだという人工的な証明が求められることとなるのです。その結果、現実から乖離したプロパガンダに、その当の現実の方を無理矢理合致させる必要に駆られ、その結果として、必然的に「テロル」が始められることとなります。

もしも、ナチスのプロパガンダで主張されていたように、本当にゲルマン民族が選民であるのなら、世界を支配する義務がある、その結果、近隣諸国を侵略することが必要になるし、ユダヤ人を弾圧することが必要になる、そして、そのナチスに異を唱える人々は当然、排除しなければならない、ということになるわけです。

つまり、全体主義とは、デタラメな論理を、自らの欲望に任せて主張し出し、それがデタラメであるが故に、より一層声高に叫び（プロパガンダ）、そして、そのデタラメが正しいということを無理矢理証明せざるを得なくなって、メチャクチャな暴力（テロル）を始め出してしまう――という道を、必然的にたどるのだ、というのがアーレントの見立てだったのです。

こうした全体主義の構造は、スケールこそ違え、現代日本でも繰り返されています。例えば某市役所で、自分が市長に選挙で選ばれた瞬間に、自分が主張してきたデタラメな主義主張に基づいて、市役所内部であらゆる粛正《しゅくせい》を徹底的に敢行《かんこう》していくわけです。

もちろんスターリンやヒトラーのあのスケールと、某自治体の某市長のスケールとでは、その大きさは月とすっぽん以上の相違ですが、構造としては同じだと言えるでしょう。

第一に、同じ主義主張をずっと言い続けるという、プロパガンダを繰り返す、第二にそれと同時に、内側に対してのものすごいテロル＝粛正を敢行し、全体主義体制をより強固なものにしていこう、とするわけです。

ところで、全体主義を強化するために、もう一つ採用されているアプローチがある。それは、全体主義体制に貢献した人物に、「出世」を軸とした報酬を、たっぷりと提供する、というものです。全体主義に刃向かうものに対しては恐怖を提供し、貢献するものには出世を軸とした報酬を与える、こういう強烈なアメとムチを使いながら、全体主義を強化していこうとするんですね。

こう考えると、全体主義というものは、一つの「運動体」だ、という側面が浮かび上がる。もともとはフワっとした民意で始まったものなんですが、それが政治的権限を持っていくにしたがい、徐々に派手なプロパガンダを始め、それと共に、徐々に様々なテロルを敢行し出す。こうした運動を進めていく内に、全体主義体制はより強固なものとなっていき、それにしたがって、テロルがどんどんエスカレートしていく。そして挙げ句の果てに、強制収容所・アウシュビッツというところにまで結びついていく。

これが全体主義の行きつく果てなんですね。

話がここまで及べば、僕はこれまで10回以上にわたるこの政治の哲学についてのお話の中で、なぜ、「理性に基づく政治が大事なんだ」と言い続けてきたのかという理由が浮かびあがります。つまりそれは、「テロルに基づく全体主義を避けなければいけない」というのが理由だったからだ、と言っていいと思います。

こうしたおぞましい全体主義を避けるためには、唯一、「理性の力」を強くする以外に方法はないのです。

実際、僕は何度もプラトンを引用してきましたけど、プラトンが『国家』の中で言っているのは、政治体制は五つあると。まず哲人統治、名誉支配制、寡頭《かとう》政治、それから民主政治となって、これらの中で、民主政治は最悪だと言われている。しかしそれよりももっと悪いのが独裁主義だと言われている。そしてプラトンは、独裁主義は民主主義から出てくるものなのだと、２５００年前に我々人類に対して警告を発しているのです。

ニヒリズムに基づく民主主義が全体主義的独裁者を生むんです。

私たちは、ナポレオンもヒトラーも皆、民主主義の中から生まれたという事実を忘れてはならない。だから民主主義を大切にしていればワルイ独裁政治はやって来ない、と思うのは大きな間違いなんです。今の日本は民主主義だからこそ、ワルイ独裁政治がいともカンタンに実現してしまうのです。

このワルイ民主主義の流れを止める使命を持つものが、政治哲学なんです。

ここまで10回以上お話ししてきた中で、最大のメッセージは、これだと言っていい。

政治が劣化し、退化し、その行き着く果てにある、最悪最凶の全体主義によるおぞましいテロル——我々は、これを避けるために、あらゆる人類の英知を動員しなければならないんです。

コラム 9

強い日本をつくろう！

内閣主導で進められる「緊縮・改革・グローバル化」全体主義による「国家の自滅」を止めるためにこそ、「政の哲学」が必要です。

「全体主義」がはびこると、その集団も国も、スグにぼろぼろになってしまいます。なぜなら、皆、考えることをやめてしまうからです。だから、強くて豊かな国をつくろう――と考えれば、最初にやるべきことは、「どこに、どんな全体主義が潜んでいるか？」を見抜くことだと言っても過言ではありません。

で、今のニッポン、ホンットにいろんなところが、ボロボロになっているわけなのですが、それって結局、「全体主義」がはびこっているからだ、ってことが原因だと言えます。

では、今、ニッポンにどんな全体主義があるのか、ざっと考えてみましょう。

今、日本にとって特に深刻な全体主義は**「改革全体主義」「グローバル化全体主義」**です。これは要するに、「改革が必要だ〜！」「グローバル化が必要だ〜！」と叫んで、兎に角改革すりゃ、それでいい、それに異論を差しはさむ余地なんてどこにもない、と考える全体主義です。小泉政権以降、歴代内閣はこの全体主義に席巻《せっけん》されていて、2012年に始まった安倍内閣ではその傾向がさらに加速しています。例えば、安倍内閣の中には「構造改革徹底推進会合」なるおどろおどろしい名まえの会合が平然と設置され、兎に角日本国内のあらゆる領域の規制を緩和し、撤廃していこうとする取り組みが延々と続けられています。「グローバル化が絶対必要だ～！」という全体主義も政権内にはびこっており、安倍内閣下では、歴代政権が誰も手を付けなかった日米FTA（自由貿易協定）をはじめとした、TPP、日欧EPA等、欧米や環太平洋諸国との間の国境を亡くし、徹底的に自由貿易を進めていこうとする条約がリアルに次々と締結されていきました。そして、こうした改革で直接的な利益を得る大企業たちや、それらをスポンサーにもつ大手マスメディアも「改革・グローバル化が必要だ～！」と叫び続け、多くの国民も、改革やグローバル化は必要なことなんだと完全に刷り込まれてしまっています。そして、自民党を中心とした多くの政党も、無条件でこうした改革やグローバル化が正しいと頭から信じ込んでしまっていて、何を説明しても一向に耳を傾けようとしません。しかし、改革が全て善なのではなく、良いものもあれば悪いものもあります。同じように、グローバル化も、進めることが良い場合もあれば、悪い場合もあるのであって、思考停止をせず是々非々で考える態度が必要なのですが……官邸、与党、メディア、財界、そして世論は皆、「兎に角改革・グローバル化はいいことだ～！批判する奴は不道徳で遅れてるワルイ抵抗勢力だ～！」っていう、完全に思考停止の空気に席巻されているのです。

その結果、ブラック企業がはびこり、倒産と失業が繰り返され、格差が拡大し、国民は貧困化し続けているわけです。挙句の果てに、その結果税収も減り、日本全体の経済力も衰退し、日本全体が脆弱し続けているわけです。

これと全く同じような恰好で、**「緊縮財政全体主義」**も今、激しく蔓延していま す。これは、「クニの借金が大変だ～！　緊縮財政が必要だ～！」「子供に、ツケを残すな～！」「政府の支出はもっと削れ～！」「消費増税待ったなしだ～！」っていう風潮です。この風潮が今、日本に濃密に蔓延しているからこそ、消費税は、安倍内閣下であれよあれよと増税され、5％から10％にまで倍増されました。そして、あらゆる政府支出は、カットされ続けています。それにもかかわらず、新聞各社は、「もっと支出を削れ！」「一般会計は史上最高額だ！　拡張財政だ！」という緊縮的な批判を繰り返す。政府与党のみならず、野党の中にも「消費増税待った無し」という声は大きい。増税に反対する野党でも、「公共事業は削れ！」と緊縮的なことを言う。だから、国民は皆、「日本がハタンしてメチャクチャになるかもしれないから、増税とか、支出カットとかしょうがないよな～」と思っている。そして、そんな空気を察知したポピュリスト政治家たちは皆、「身を切る改革をやります！　支出を削ります！」といって人気を博して当選し、ますます緊縮を繰り返す――という悪循環が進んでいます。

その結果、先ほどの改革・グローバル化全体主義と同じ様に、デフレ不況がどんどん深刻化し、貧困と格差が広がると同時に、あらゆる政府サービスが劣化していき、教育も防災も国防も科学技術も産業政策も全てダメになっていってしまっている――わけです。

しかも、この「緊縮全体主義」の恐ろしいところは、緊縮すればするほど、財政が悪化し、ますます緊縮全体主義が濃厚になっていく、というところ！　なぜなら、緊縮をすれば経済が低迷して、税収が下落して、ますます財政が悪化するからです。そうなれば、「悪化した財政を立て直さなきゃいかん！」という話になって、ますます増税は支出カットが繰り返されることになるのです。これほどアホな話はない、って言うくらいにアホな話なのですが、全体主義というものの本質は「思考停止」にありますから、このアホ話をいつまでたってもやめられない――という状況に陥っているわけです。こんなアホな話で国が自滅しかかっているわけですから、本当に情けなく、恥ずかしい話ですね……。

ちなみに、この緊縮全体主義は、その全体主義を正当化するために「憲法」に書き込んでやろうという動きが出て来ています。万が一にも、そんな憲法が出来てしまえば、日本は二度と浮上することが出来なくなってしまいますね。それでなくても今、「閣議決定」というとても重要な政治決定において、「赤字（具体的にはプライマリーバランス）をゼロにしましょう」ということが決定されてしまっており、この軛《くびき》から逃れられず、法的な強制力でもって、緊縮が進められるに至っています。

ちなみに今、日本の若者たちは急速に、未来に「希望」を見出せなくなっており、「絶望」的な気分に席捲されはじめています。内閣府の調査では、「希望がある」と答えた若者（13～29歳）の割合が、調査対象国中最下位のわずか12・2％に過ぎなかった、というデータが示されています。スウェーデンやアメリカでは過半数が「希望がある」と答え、韓国やイギリスは4割以上、比較的希望を持つ若者が少ないフランスやドイツですら、日本の2倍前後の24％、27・1％の若者が「希望」を持っているにもかかわらず、です。

これはすなわち、若者が今、「絶望」し始めているわけで、こうした世界最悪の若者の濃密な絶望感を払拭することこそ、政治の仕事のはずです。にもかかわらず、日本の政治、政府も国会もメディアも学者も皆、若者を疲弊させ未来を閉塞させ続ける「緊縮」「改革」「グローバル化」を徹底的に加速しているわけです。つまり、「緊縮」「改革」「グローバル化」全体主義のせいで今、日本の若者の間に急速に絶望感が広まりつつあるわけです。

そして、そんな全体主義の本質は、「思考停止」なのです。

だとするなら、今の日本を席巻する絶望感を払拭し、日本の未来を希望ある明るい未来に作り替えるために今、何よりも求められているのは「思考停止を止めること」を措《お》いて他にありません。

つまり、政治について考え続ける「政の哲学」こそが今、日本の明るい未来を作り上げるために、最も強く求められているのです。

ついては是非、少なくとも本書にお触れ頂いた方だけでも、老若男女問わず、クダラナイメディアや政治屋や御用学者のウソ話に踊らされることなく、柔軟に「考える」ことを辞めないでいただきたい——と思います。

第13回

フランス革命と産業革命が人間を大衆化させた

前回は、ニヒリズムがいきつくところまでいきつくと、全体主義が社会のあらゆるところで立ち現れてくる、という構図をお話しました。で、この全体主義、最終的にプロパガンダ、そしてテロルに繋がる、暴力に繋がる全体主義が、なぜ出来上がったのか。前々回もお話ししましたけど、その下地にあるのは、**「大衆社会」**なんですね。この大衆社会というものに関して今日は改めて、お話をしたいと思います。

大衆化が全体主義の下地になったわけですが、「大衆化」というからには、大衆になる前の人たちがいたんですね。これは何かというと、前近代主義者、プレモダンの人々。プレモダンの特徴は、社会に何らかの濃密な「構造が存在する」という点にあります。例えば階級社会、王様がおられて貴族がいて、そして平民がいた。日本だったら士農工商という階級があった。

今となっては階級というものは悪《あ》しきものだと言われているけれど、少なくともプレモダンには階級があった。そして、それぞれの階級の中で、各人、どういう風に振る舞うべきなのかという「社会的な規範」があった。社会的な規範とはつまり、倫理であったり、モラルであったりというものです。武士階級なら「武士道」があったり、あるいは職人階級でも**「職人魂」**等というような一定のモラルがあった。

さらに、前近代の社会では、縦軸の「階級」だけじゃなくて、横軸の**「地域共同体」**というものが非常に濃密にあった。社会学で、「ゲマインシャフト」と言われるものがかつてはあった。

この「ゲマインシャフト」というのは、多くの場合、農業とか漁業等を軸とした地域共同体で、その共同体メンバーが皆、利害関係のみで結びついているのではなく、「家族」のように精神的にも結合している共同体です。こういう共同体が、前近代では、当たり前のようにそこら中に存在していた。

階級があり、倫理があり、モラルがあり、そして、精神的にも結合可能な共同体がある、そこで人々は安定的に生を営んでいくことができた、それが前近代、プレモダンの社会です。しかも、そうした様々な共同体や階級が、社会全体として調和がとれ、社会全体が安定していた。その上、そうした社会全体の調和と、自然全体の調和との間も、整合がとれていた。つまり、大きな自然の「生態系」の中に「人間社会」がすっぽりと埋め込まれていたわけです。そして、大きな自然の循環の中に、社会の循環、共同体の循環、そして一人一人の前近代人たちの生活の循環も、調和ある形で埋め込まれていたわけです。前近代、プレモダンの社会とは、そういう社会だったんです。

ところがこうした調和ある社会が、近代になって破壊されていきます。

前近代の共同体を破壊した犯人は、二つあります。

一つはフランス革命。もう一つは産業革命です。

フランス革命からお話ししますと、この革命が、前近代の「階級」を破壊してしまったのです。

階級をなくして、王族、貴族が没落していった。そもそも、王族、貴族のところに「教養」が集まっていた。文学も音楽も、そして、料理も美術も、そして、道徳も倫理も帝王学も、そして、何より、「政治の哲学」も、ありとあらゆる文化の粋《すい》が、上流社会に集められていた。

当然、政治の哲学の王道である「哲人統治」の理念も、上流階級に残され、そして、彼等が統治を行っていた。無論、暴君や専制の問題が、当時の王族、貴族たちにもあったことは間違いないとしても、少なくとも彼等は、たしなみとして、教養として、哲人統治をせねばならぬということが共有認識されていた。

しかし、こうした階級がフランス革命によって破壊され、上流も平民もなくなった。これはつまり、政治の哲学について全く無知な人々が、政治に参画するようになったことを意味します。そうなれば、これまで繰り返し論じてきたように、政治はニヒリストたちに支配され、最悪の政治が展開され、全体主義が勃興《ぼっこう》し、そして、多くの人々の生命と財産が失われていく——そんな素地が出来上がってしまったのです。

そしてもう一つの破壊が、産業革命によって行われてしまいました。

産業革命によって、産業生産が抜本的に変化してしまった。その結果、前近代の農村や漁村におけるゲマインシャフトが破壊されてしまった。そしてその代わりに、新しい共同体として、「ゲゼルシャフト」というものが形成された。これは、かつてのように、精神的に結合した共同体ではなく、ただ単に、産業生産上の利害関係で人々が繋がっている、というだけの味気ない共同体です。工場労働者がいて、資本家の工場主がいて、大きな工場で、労働者は単純作業に勤《いそ》しむ。一定時間働けば、大きな都市に立地する家に帰って休息を取って、翌日また工場に来る。こういう工場に、かつての農山村での生産共同体を破壊して、そこで安定して普通に暮らしていた人たちを、ドンドン送り込んでいく。あるいは、炭鉱に若い人をぶち込んでいく。

つまりこうして、かつては、自然全体の循環の中に、上手に埋め込まれていた、農村共同体（ゲマインシャフト）の中の人々を、一人ずつ共同体から剥ぎ取って、工場とか都会とかに送り込んだ。

送り込むと同時に、フランス革命によって出来上がった政治制度としての、民主主義体制に、彼等を組み込んでいった。

こういう次第で、近代になって階級も地域共同体もなくなった。

かつてルールや規範、モラルや倫理というものは階級とか地域共同体の中に保存されていたのですが、階級や共同体が破壊された結果、そんなモラルもルールも規範も、あらかた消えてなくなっていった。

そうして現れ出たのは、他者や共同体に精神的に結合することのない、砂粒のような、バラバラの個人だったんです。しかも、規範もモラルも、さらには教養もないけれども、政治的権限だけ民主主義体制で付与されている人々が、大量に生まれ出たわけです。

これが近代という時代です。

そして、こうした生まれた、砂粒のような個人、これが「大衆人」なわけです。

大衆の第一の特徴は、昔だったら死んでいたはずなんです。

生産手段を持たないし、金融資産も持たないし、そして、教養すらもないわけですから、生き延びることはできなかったはずだ、というところにあります。

しかし、産業革命によって社会全体の生産性が上がったことによって、彼等は、死なずに済むようになったんです。

要するに教養もなくて金融資産が何もなくても生きさらばえるようになって、しかもそこで政治的権限だけを持つ大量の大衆人たちが、一瞬の内にうわっとヨーロッパ社会の中で出現していったのです。

これが**「大衆社会」**と呼ばれるものの起源です。


ところで、フランス革命が何を意味しているかというと、それは民主主義です。そして産業革命が何を意味しているかというと、それは資本主義です。

つまり、**民主主義と資本主義**というものが近代をつくりあげ、「大衆」を生み出したわけです。

で、この大衆人たちは、残念ながら教養もなければ、見識もない。かつてはモラルや倫理意識を持ってはいましたが、その源泉たる地域共同体も崩壊してしまったものですから、そういうものもなくなってしまった。だから、真っ当な判断は当然できない。

にもかかわらず、民主主義によって政治的権限だけは付与されている。

だから、彼らは自ずと、次のような大きな二つの特徴を持つ精神を宿していくようになります。

一つは**自己閉塞性**。彼等は、そもそも「砂粒」なわけですから、他人の言うことに耳を傾けようとはしない。「歴史とか伝統とか、そんなややこしいこと、ワシはよう知らん。わしは兎に角、ここでメシが食えて、それで生きていければそれでええんや」、という次第。だから彼等からは、「感謝」という概念が蒸発してしまったわけです。これが自己閉塞性。

そして彼等は、その自己閉塞した空間の中で、俺には何でもできる、と考えている。つまりもう一つの特徴として彼等は、どうしようもない**傲慢性**《ごうまん》を持っている。そもそも、彼等が生き残っていられるのは、産業革命で、生産性が上がったからで、彼等の実力故に生きることができているのではない。機械のお陰で生きているわけですが、彼等はそれを自分の実力だと勘違いしている。しかも、政治的権限も、フランス革命の結果として生まれた民主主義体制の中で、所有している。その権限も、ただ、自らの能力とは無関係に与えられただけです。それにもかかわらず、政治を左右する権限を持っていると傲慢にも考えている。

つまり彼等は、「自己閉塞」であり、引きこもっているんだけど、その引きこもった部屋の中で、あらゆる他者の恩恵を受けながら生きているだけの存在であるにもかかわらず、「俺は何でもできるんだ」と「傲慢」にも勘違いしている。

この二つが強力な大衆という人間の特徴なんですね。で、言うまでもありませんが、現代日本社会は、文字通り、そんな大衆社会の典型例中の典型例になってるわけですね（苦笑）。

で、なんでそうなったのかというと、やはり、共同体が壊れてしまったからなわけです。例えば僕は昭和43年生まれですけど、大人たちを含めた周りの人たちとの関係性の中で、自分がどれだけアホかということを、嫌というほど思い知らされながら生きてきました。

いろんな間違いをしてきましたし、だから間違わないためにどうすればいいのか、というようなことをずっと考えている。だから、どこかで常に、自分がどこかで間違えているかもしれないということを意識している。

ところが「傲慢な人間」は、そんな風には全く考えない。しかも「閉塞」されているので、その閉塞空間、自分の部屋や狭い部署、狭い専門領域の中のチャンピオンとして振る舞う。そんなちっぽけな部屋の中で暴君として振る舞い、自分が生きていくために、様々に支えてくださっている方々に何の感謝もしないどころか、そいつらが自分を支えるのは、当たり前だと勘違いしている。そして、自分を支え続けてくれている人々に、四六時中文句ばかりを言い続ける。でも、一旦外に出たら、びくびくするしかない。

これが大衆人という存在です。

オルテガっていうスペインの哲学者が、20世紀初頭に『大衆の反逆』という本の中で、こういうおぞましき大衆人の精神の構造を、様々に描写していったのです。

こういった大衆人は、ここまでお話ししてきた政治の哲学の文脈でいうなら、「ニヒリスト」だ、と言うことができるでしょう。彼は、真とか善とか美っていう、自分の外側にある崇高なものから心を閉ざしている。そして、彼の精神には、プラトンの言う「欲望」だけに満たされており、ちょっとした虚栄心とかちょっとした欲望とか、そういったものしか分からなくなっている存在なわけです。

こうやって産業革命とフランス革命によって、近代というものができ、大衆人というのが出来上がって、それから時を経ずして全体主義が出来上がっていくわけですね。

ところで、今の話の文脈からすると、大衆人というのは、「貧乏な人」をイメージしている方が多いと思うんですが、実は、オルテガが言っている大衆かどうかということと、貧乏か豊かか、あるいは、上流か下流か、ということとは**全く関係がない**。

上流階級の中にも豊かな人々の中にも大衆人がいる。それと同時に、貧乏な下流階級の人々の中でも、大衆人とはかけ離れた、崇高な精神を持つ人々はいくらでもいる。

例えば、未だに地域共同体の中で暮らしている「庶民」の中には、大衆人からかけ離れた方々はたくさんおられる。何回か前にもお話ししましたが、そういう地域共同体に暮らす人々の中には、「理性」を携え、「正気」を保っておられるたくさんの庶民が未だに暮らしている。そんな共同体に暮らしていれば、彼の精神は「自己閉塞」はしない。そして、自己閉塞していなければ、様々な大人や長老とも交流し、（例えば、僕のように（笑））自分自身の無能さをイヤというほど知らされる機会にも恵まれる。だから、大衆化しづらいわけです。

一方で、現代社会の、いわゆる「エリート」たちは、傲慢で、自己閉塞した大衆人が、驚くほど多い。そもそも、隔離された核家族の中で、共同体や社会との交流もないままに、それこそ引きこもりのような部屋の中で受験勉強だけを重ねて優秀な大学を出た人物は、それだけで「自己閉塞」的であるばかりではなく、優秀な大学を出たというだけの認識で、自身を「優秀である」と傲慢にも自認しているケースが驚くほど多いんです。もちろん、そうでない方々もたくさんおられますが、残念ながらそういうケースは、本当に多い。

そういう鼻持ちならない人物は現代に散見されるわけですが、オルテガ自身もそういう人物を最もおぞましき俗物として描写しています。彼が実際に、最も大衆人の精神を色濃く持っている人種として挙げたのが、**「専門家」**でした。

例えば、次のような台詞《せりふ》を口にする専門家を目にしたことが皆さんおありではないでしょうか？

「僕は経済学者だから、経済学以外のことは分からないけど経済のことは何でも聞いて」

こういう専門家こそが、狭い専門領域に閉じこもっている一方、その狭い領域の中で、「チャンピオン」として振る舞うおぞましき俗物です。彼がおぞましき俗物であるのは、経済を理解するには、経済学だけで事足りると考えている点です。経済は、政治にも、心理にも、社会にも影響されるものです。ですから、経済の動態を理解するためには、政治学も心理学も社会学も皆必要ですし、さらに言うなら、「学」のみならず、投資や投機の経験や現場の空気もまた、経済を全面的に理解する上では極めて重要な要素なのです。

つまり、経済一つを理解するためにも、あらゆる側面の知識や経験が求められることは当然中の当然であるにもかかわらず、「経済学」という狭い分野の知識を知っているからというだけの理由で、我が物顔で経済を語るわけです。

こういう人物を俗物と言わなければ、もう、この世の中には俗物と呼ぶべき存在は一人もいない、ということになるでしょう。

とはいえ、ここでは経済学を例にして述べましたが、同じことが心理学でも、社会学でも、全部言えるんです。専門家である、ということを自慢するのが大衆人の精神の構造である一方、真っ当な非大衆人の精神であるなら、専門家であるということを、特定の専門的知識しか知らない、という趣旨で「恥」として語るのが筋というものでしょう。

残念ながら、今日の大衆社会においては、そうした専門家たちは、実に巨大な影響力を発揮してしまっています。そういう専門家が、学者にもなるし官僚にもなるし場合によっては政治家になる。それでもうロクでもない「全体主義」の社会を彼等は自己閉塞空間としてつくりあげていくのです。

だから僕はいつも「ご専門は何ですか?」と聞かれる度に、いつも困ってしまいます。僕は確かに土木工学科で学位を取ったりしていますけど、その時の博士論文は計量経済学の内容でしたし、学位を取った後はずっと心理学の研究をしていましたし、今は、こんな哲学の話をしている。僕は何かの専門家になりたくて大学に勤めているのではなくて、ただ単に「学者」になりたかっただけですから——ということを説明しても、おそらくは納得はしてもらえないでしょう。そういう、「専門家であろうとはしない学者」という説明を受け入れる素地が今、社会には存在していないのです。

だから「専門は何ですか」と聞かれると、「あなたはどういう意味で馬鹿なのですか」って聞かれている気分になります(笑)。

神谷:非常によく分かりました。

ところで民主主義やフランス革命は「よかった」というニュアンスで学校の教科書に書いてあるんですが、歴史の本を読むと、決して当時のフランスの王様が暴君だったわけではないと書いてあるんです。ではなぜ、誰が、革命を起こしたかというと、中産階級の人たちを煽《あお》って王様から権限を奪いたかった人たちがいると考えられるんです。中産階級の商人たちは王権が強いと自由に商売ができないから、王様を殺してしまい、みんな平等だとしてしまえば、自分たちにもっとお金が入ると考えた。そして、王権をなくし、権利、倫理、哲学、社会のルールを潰してしまった。そう捉えると近代の始まりってとんでもない革命があったとも言えますよね。

もちろん、「商人たちが全てを操っていた」というわけでもありませんが、商人たちの存在は、このフランス革命に決定的に重要な役割を果たしましたね。いずれにしても、革命といわれてはいますが、その実態は単なる暴力による破壊行為、つまりは「テロル」だったわけです。

神谷：そして、次に条件が整ったイギリスというところで、産業革命なるものが起こり、それによって資本主義というシステムがつくられていく。この流れでいくとすごいことになりますよね。もはや権威がないから、お金がある人が社会を動かせる。

おっしゃる通りです。「資本主義」と言えば聞こえはいいですが、それは要するに「カネがモノを言う世界を拡大していくことがいいことだ」と考える主義ですから、言い換えれば拝金主義以外の何物でもない。金以外のものがなくなっていくわけです。

神谷：当然彼等はお金を持っているのでメディアもつくれ、大衆に対する情報操作ができるようになる。

完全なプロパガンダができます。

神谷：で、その結果起こったのが二度の世界大戦。

まさにその通りです。あの二度にわたる大戦は、大衆社会の必然的帰結だったのです。それで、何千万人も死んでしまったわけです。

いずれにしても日本はそうした流れの中で、そういう近代というものが、幕末に黒船と共に太平洋からやってきた。それから以後の様々な戦争というのは、大局的に見るのなら、そういう欧米列強からやってきた「近代」という流れから、この日本を守ろうとしただけの話なんです、もともとは。もちろんそれ「だけ」って言うと近隣諸国との関係がありますから、帝国主義的側面が日本になかったとは言わないけど、大きな流れの中で大局的に解釈するなら、一連の戦争は「近代との戦い」だったわけです、我々日本にとっては。

だって黒船までは、我々は、参勤交代をやったり、伊勢神宮にお参りしたり、正月になったら初詣に行ったり——そんな暮らしを、日本一国で独立して、普通にやっていただけなんです。そんな中、黒船がやってきたのです。その時に、薩英戦争なんかで少し反抗したら、西洋列強に一瞬でボコボコにされてしまった。だから、当時の日本人たちは、ここで近代化しなかったらえらいことになると、考えたわけです。そして彼等は、必死になって軍事的な強靭化を図っていったわけですよね。

そうして黒船の来航から大東亜戦争までの100年間、欧米列強と戦って、そして、負けた。それ以後はもう、ご案内の通り、我々は、黒船と共にやってきた「近代」に、いいようにやられている最中なわけです。

ちなみに「近代」というと、時代の名前として使う場合もありますが、ここで言っている「近代」というのは、一つの実態を伴った思想でありイデオロギーです。で、そのイデオロギーは、フランス革命と産業革命で始まったものなのだ、ということなのですが、その「近代」というモノは今、「グローバリズム」と今、呼ばれているものとなっている。近代という大きな大河の流れの一部がグローバリズムと呼ばれているのと同じです。それは、淀川水系の一部が宇治川だ、というような話と同じです。両者は不可分の一個の実態だけど、その一部が違う名称で呼ばれているというだけの話です。僕は、「グローバリズム」に対しては決然として「否」と言うべきではないかと考えています。その一方で、我々は「インターナショナリズム」をこそ、推進すべきなのだと思います。つまり、自他の区別を消し去るグローバリズムではなく、自他の区別を区別として是認した上で、お互いに敬意を払いながら、付き合っていく、という態度が必要なのだと思います。それが、インターナショナリズムです。

神谷：政治の哲学から、全体主義、民主主義と資本主義、グローバリズムに至るまでの話が繋がりました。それらの構成員たる大衆というものをうまく教育していけば、一部の人たちが情報操作をすることによって、世界を自由に動かしていけるという構図になっていくのではないかと、危機感を強めました。

そうなんですね。ただ、もう一つ、逆の言い方をすれば、こうとも言えるんです。今の考えは「支配者側」からおっしゃったわけですけど、実は「大衆側」も、そういう支配者を欲しているると言えるんだと思います。これは、砂粒になっちゃうと、「存在論的不安」に陥って、不安で仕方なくなる、だから、どんな不合理な教義でも何でもいいから、それにすがりつきたくなる、という次第です。その結果、グローバリズムにしがみつく人々が今、世界中でウジャウジャと発生してしまった。同様の構造で、ヒトラーの、大衆人たちが皆、すがりついていって、出来上がったのが、ナチス・ドイツの全体主義だった、と言えるわけですね。

神谷：そういう「大衆」をこれ以上増やさないためには、どうすればいいんでしょうか？

「考える」しかない。

例えば、ハンナ・アーレントは、全体主義の本質にあるのは、悪の凡庸《ぼんよう》さ、だと言っています。「凡庸な官僚」とか、「凡庸な市民」というのが全体主義をつくり出したわけですが、その凡庸さの根幹にあるのは、inability to think つまり、考えることの不可能性、思考不可能性だったわけです。でも逆に言うと、ability to think、つまり「考える能力」さえあれば、大衆というものはこの世から消え去るはずです。だから実は、大衆社会を回避することは、すこぶる簡単で、ただただ「考えれば」、それでいいんです。自分の頭で。

実際、ソクラテスやプラトンが言い続けていたのは、煎じ詰めればその一点だった、なんて言っていい。

ソクラテスが言った、洞窟の比喩で、多くの人々が、何も考えず首を固定されて壁を見ているわけじゃないですか。壁を見て、「これ真実や」と思っているけど、ちょっと努力すれば後ろ向いて真実を見ることができるわけですよ。考えるっていうのは、実は、それくらいに簡単なことのはずなんですよ。いわば、「何か外では面白そうなことがあるけど、めんどくさいから、まぁ、こたつの中で一日過ごしててもいいや」と言っている時に、「でもやっぱ、たまにはちょっと外に出てみよう」っていう程度のことなんです。「考える」っていうことは。だから、人々が「考えない」というのは、結局は、ただただ「面倒くさがっているから」じゃないのかと思います。

テレビや新聞で言われている話をそのまま丸呑みするのではなくて、「どうせこいつら**胡散《うさん》臭い**こと言ってるよなぁ」くらい斜《しゃ》に構えておけばそれでいいわけです。でも、それができない人はできないし、やらない人はやらないわけです。そして、実際に私たちの歴史では、それをやらない人が大量に出現して、その結果として、最終的に全体主義が起こり、アウシュビッツへと繋がっていったわけです。だから、**考えないということほど巨大な罪はないんです。人間として生まれたにもかかわらず、考えないということは、何千万人もの人間を殺すという可能性を生み出すことになるんです。**それが第二次世界大戦、ヒトラーの教訓だったはずです。でも人間は、未だに愚かですから思考停止をやめないんですね――で、その思考停止をするために、思想とか哲学というものに触れたらいいんですけど、考えない人はそれにも触れない――。

別に思想、哲学、社会科学というのも一つのアプローチですけど、それだけじゃなくて、例えば映画を見るのでも、小説を読むのでも、友達と酒を飲むとか、何でもいいんですけど、自分の心を動かす、政治の哲学で言ってきたキーワードを使うと、「循環」というものがあれば、それで、そんな巨大な悪の萌芽《ほうが》は一瞬で消え去るはずなんです、本来は――。循環は考えるということですから、自分で循環しなくても、誰か循環している人の話聞いているだけでもある程度循環しますから。映画に自分の心を預けるだけでも循環しますからね。そういうことがあれば、考えていくことができるんですけど——。

でも、それは難しい。

なぜかというと、前近代、人々はどうやって考えていたのかというと、階級社会があり、資本主義が始まる前ですから地域共同体があり、そこでいろんなルールが保存されて、こんな状況の中で、みんなものを考えていたわけです。ところが、今となっては、こんな社会的な装置を全部破壊されているわけです。だから、一般の人々が、そんな中で頭を動かすのは相当難しいとも言えるのではないかと思います——。

でも、僕は学者ですし、神谷さんは政治家ですから、我々はそんなことを言っていられない。我々は、考えるべき職業です。考える義務を負っている。

だから我々が考えなかったら、それこそ、「人殺し」そのものと言っていい。

学者のくせに考えない、政治家のくせに考えないのは人殺しと一緒です。だって、考えれば救える命が山ほどあるにもかかわらず考えないんだったら、それは「消極的な殺人」です。だから僕は学者に対しては非常に厳しいんです。「学者のくせに考えないとは、どういうことだ、貴様！」と、思考停止している学者を見ると、毎回強い憤りを感じます（笑）。でも、実際は、そんな思考停止学者は、山のようにいるのが現実ですから——

本当に絶望的な気分になりますよね（苦笑）。

でも絶望的な状況ではあるし、昔のようになれないかもしれないけど、ここまで話が及んだ時にいつも思うのは、昔の社会があった世の中でも、考えない奴は山ほどおったんだろうな、ということです。おそらく、昔でも、悪い奴がいっぱいおったんだと思います。それと現代は、少々「程度」は違うかもしれないけど、構造としては同じようなものなんだろうなと——考えるようにしています（苦笑）。

だからクサるのはやめようと思うのですが（苦笑）。

とはいえ、社会科学を通して、そういうものの「解体の歴史」を知ってしまうと、なかなか絶望的な気分になるのも、事実ですよね。


ちなみに、友人関係、夫婦関係でも、一旦適正な関係が壊れたら戻らなかったりしますから。それが共同体だとさらに難しい、ということになりますよね。アーレントも実際、全体主義を防ぐために何が必要かというと、個人間の信頼だ、と言っているんですね。単にそれだけでいい、と言っている。それがなぜかというと、例えば、自分が、全体主義者で「ドイツ人がすごい！」と声高に主張したとしましょう。でも自分が信頼する友人が、「えっ、何言っているの……？　ドイツ人もフランス人も同じようなもんでは？　それに、フランス人の方が食事は圧倒的においしいよ？」みたいなことを言われた時に、信頼関係があったら「恥ずかしい」って思うはずですよね（笑）。

だから、「恥ずかしめていただける友人がいる」ことが、全体主義者から正気に戻る上で、この上なく大事だっ、っていうことをアーレントは言っているんですね。

だから必ずどこかで突っ込みを入れる友人知人、特に男性にとっては、そういう女性がいてくれるっていうのは、ホントに大事だと思います。

ところで、僕は大学で毎年新しい学生を受け入れて指導・教育をする仕事をしていますが、そんな学生は当然、毎年卒業していくわけじゃないですか。その時に彼等にいつも言うんです。「君たちが行くところは地獄だと思っておきなさい。こんな世の中全体主義ばかりで、テロルばかり横行しているロクなところじゃない。だけど、人間として生きていかないといけない。そのために一番大事なのは、どこかに心のアンカー（碇《いかり》）をうっておくことだ」って言います。例えば、「この場所には真っ当な人」がいるとか、「年に1回会うか会わないかもしれないけど、たまにそこで会って、自分のおかしさをその友人に確認してもらう」というような場所、つまり、アンカー（碇）は、とても大切だと思います。

で、そんな時、卒業生にはさらに次のようにも言います。「君等奴隷にならないといけないんだから、立派な奴隷になりなさい。でもほんまもんの奴隷になってはいけない。それはゾンビと全く同じだ。でも、奴隷にならないと上に行けない、なんていうのが、この世知辛《せちがら》い社会だ。だから、きちんと奴隷になって、上にいる奴隷の野郎どもを騙して、ちゃんと上に上がればいい。でも、そうやって上に上がって、ちゃんとした世の中をつくる役割を果たせるような立場についたら、そこで人間の心でもって、ちゃんとした仕事をしなさい」

でももちろんそれって、ホントに難しい。奴隷にまみれている内に、途中で、奴隷になっちゃう――なんてケースが多いのが事実でしょう。でも、そんな「心のアンカー（碇）」となるような人間関係を、どこかでちゃんと大切にしておけば、そんな難しいことも、不可能ではなくなるんじゃないかと思うんです。そういう人間関係があれば、「心が、ぶれない」と思うんですね。もちろん、長いこと生きていたら、「言うことはぶれる」ということはあるでしょうけど、それでもいいんです。言うことなんて、勉強して賢くなってから、いくらでも変えていいんです。でも心の美しさ、心のありようは絶対に譲らない。そしてそのために必要なのが、「心のアンカー（碇）」としての真っ当な友人であったり、真っ当な師であったりするんじゃないか――それがハンナ・アーレントが言ったことなんだろうなと思いますね。

神谷：心のありようを変えないということですね。一人一人の心や考えの持ちようで、国全体が強くなることに繋がるのだと理解できました。今日もありがとうございました。

最終回

『大衆社会の処方箋』

今日はもう、最終回となりますが、今までお話ししてきた内容を、全部受けた上で、「これから私たちはどうすりゃいいの？」っていう話をしようと思います。

これまで、プラトンの哲人統治説からお話を始め、現代では、フランス革命と産業革命によって、ニヒリズムに満たされた大衆社会が実現し、その結果として、全体主義が世界を席巻し、多くの人々の命を奪うテロルが世界を覆い尽くし始めた――というお話をいたしました。

つまり、政治の哲学の王道に基づくなら、今日の、この「大衆社会」をどうにかしない限り、真っ当な政治は一切期待できない――ということが言えるわけです。

ついては今日はこの「大衆社会」をどうすべきなのか、というお話、すなわち「大衆社会の処方箋」についてお話を致したいなと思います。

そもそも僕が政治哲学とかを勉強していろいろと考えたり、古典から現代のいろんな本を読んだりしてきた基本的な原因は、やはり、僕自身が（他の多くの現代人と同ように）「悩んで」いるからなんですね。

で、なぜ悩んでいるかというと、やっぱり、現代社会は、どこか、根本的なところで「おかしい」という感覚が僕の中にずーっとあるからなんですね。

幸せだったら人間、何も「考え」ません。身の回りにあるバナナをとってマンゴーをとって食べて、家族や友人たちと幸せに、楽しく生きていけるなら、何も考える必要もないでしょう。

でも今は、ホントにいろんな問題がある。至るところに貧困はあるし、死ななくていいような人がたくさん死んでいるし、どう考えても今の日本の先行きは暗いし、大地震だってその内起こるし――兎に角いろんな問題がある。悩みがあって、それでついつい中学生くらいからですかね、哲学の本とか読むようになって。

結局この世の中に対して悩み始めたから、「哲学」というものに触れてきたわけですけど、別の言い方をするとこうなんです。

要するに、物心が付いた頃から、この「どうしようもない世の中につける薬が欲しい」という潜在的な欲求があったんだと思うんですね。すなわち「この世の中のいろんな問題の処方箋ってないんだろうか」とずっと考えてきたわけです。

そのために世の中ってどうなっているんだろう、人間って何だろう――とずっと考えてきたんだと思います。

今日はまず、そんな「世の中につける薬」について、当方が至った結論からお話ししたいと思います。

まず大衆社会につける処方箋、についての、当方の結論は――。

「そんな薬はない！」

というものです。

神谷：えー！

そう、マジで、大衆人につける薬はない。大衆人になっちゃった奴、大衆化しちゃった社会を直すことなんてできない、これが結論です。

例えば、ゾンビの映画を思い出してください。ここまでも何度か引用してきましたけど、ニヒリストや大衆人っていうのは、「ゾンビ」のイメージと同じです。何の理性もない、だけど、欲望だけは持っている、という存在ですね。

じゃあそのゾンビ、映画の中で、一旦ゾンビになったら、元の人間に戻ることができるでしょうか？

一番古いゾンビ映画でも、最新の「バイオハザード」でも、一旦ゾンビになったら、もう二度と普通の人間には戻れないですよね。

実際の大衆人やニヒリスト、っていうのもそういう存在です。

だから本当にこの世の中が「完璧な大衆社会」なってしまったり、「完全なる全体主義社会」

になってしまったとしたら、その社会はもう、救いようがないんです。

このことは実は、大衆社会論を論じたオルテガもそう言っていますし、全体主義を論じたアーレントだってそう論じています。そして、僕も、何度もこの問題について考えてきましたが、もうそう結論付けるしかない、と考えています。

そもそも、ニヒリズムに支配されて、虚無になってしまったら、文字通りそこには何にもないわけですから、それは無理なんです。

僕はまず、我々はこういう諦念《ていねん》（つまり諦めの気持ち）を、明確に心に刻み込んでおくべきだと考えています。

でもそれは何も特別なことではありません。

例えば、我々は一旦、生物学的に死んでしまえば、もう生き返ることはありませんよね。それと同じように、我々は、一旦、**「精神的に死んで」しまえば、もう二度と元に戻ることはない**のです。そして、大衆人になるということは、精神的に死ぬことを意味しているわけです。だから、死んでしまった者が二度と生き返らないように、完璧な大衆人になっちゃったら、もう二度と、元には戻れないんですね。

とはいえ、逆に、その大衆社会化や全体主義化が、不治の病の末期状態のように、治療不能な状況でない限りにおいては、何らかの手の施《ほどこ》しようがあるはずです。つまり、我々の社会の中に、「非全体主義的要素」とか、「非大衆社会的要素」が未だ残されている限りにおいて、我々には、まだ、なすべき手段が残されているはずです。

そして事実、僕は、まだまだ私たちの社会には、そんな希望が残されているように思います。

例えば今年のお正月、伊勢神宮に行ってきたのですが、あそこはニヒリズムも全体主義といった「穢《けが》れ」はまだまだ入り込んでいない空間だと感じます。同じように、日本中の様々な神社には、そんな、汚染されていない空間がまだ残されていると思いますし、そこまで持ち出さずとも、大学なんかでも本来はそんなところが残されているべきだし、地域共同体等についても、地方に行けばそういうところがまだまだ残されているんだと思います。

ですから、完全にニヒリズムや全体主義、大衆社会の病に冒《おか》されきってしまえば、もうつける薬はありませんが、今日の日本の状況であれば、未だ、その病の「進行」を押しとどめたり、その「症状」の発症を抑えたり薬は、あり得るのではないかと感じます。

それを取りまとめたのが、愛媛大学の羽鳥先生と出版した『大衆社会の処方箋』という書籍なんですが、ここでは、その結論部分で論じている処方箋についてお話ししたいと思います。

まず、「大衆化という病」、あるいは「全体主義という病」は何かというと、一言で言うと、「生の循環を回さない」ということなんです。第11回目の時に詳しくお話ししましたが、私たちの精神も生命も、結局は、「循環」をグルグルと回すことなのです。

他者に対して働きかけ、それによって他者に変化があればまた、その変化した状況にある他者に対して働きかける――というのも、人間関係における循環ですし、環境に対して働きかけ、それによって環境に変化があれば、その変化を受けてまた新しい働きかけをする――これが、環境と人間との間の循環です。あるいは、ある状況が現れたら、その状況についての解釈を考え、その解釈によってまた、状況が違ったように見えたら、その新しい状況に対して再び解釈を加える――というのが、解釈学的循環、という奴でしたよね。

こうやって、私たちは、様々な局面、様々な対象と共に、様々な形で「循環」をグルグル回している存在なわけですが、ニヒリズムに陥ると、人はこの循環を停止させてしまう。特定の思想信条に、頭を固定し、何ら循環を展開させなくなる。自己閉塞し、傲慢となった大衆人もまた、外部からの一切の刺激を拒絶し、そこで全ての思考も活動も停止してしまう。そして後は、ひたすらにプロパガンダを繰り返して特定の解釈、特定のイデオロギーで世界を全体主義的に構築していくこととなるわけです。

では、こういう「循環の停止」、あるいは、さらに言うなら「思考停止」をやめ、再び、考え始めるためにはどうしたらいいのか――この問いに対する答えこそが、「大衆社会の処方箋」となるわけです。

これについて、『大衆社会の処方箋』では、次の三つの処方箋を提案しています。

一つ目が、**運命焦点化**、二つ目は**独立確保**、三つ目が**活物同期**です。

この三つが、精神の大衆化の流れを押しとどめ、非大衆人にしていく重要な処方箋となるわけです。

まず一つ目の**「運命焦点化」**について。

大衆人になる一つのパターンとして、ずっと空想の世界に入るっていうのがあるんですね。自分の、生身のこの体の運命とは関係なく、ずっと空想の世界に入っていく。自分の体を使った人生じゃなくて、何か空想の世界を考える。あるいは自分の体を使っているんだけど、実は死後の世界、自分の人生と関係ない何かのために、この人生を使うとかも、その一つのヴァージョンとなるでしょう。自分の一番基礎となるものを、この人生じゃなくて、別なところ、例えば、「死後」の世界にあると思っちゃうわけですね。

これは大衆人の特徴で、例えばヒトラーの支配したナチス・ドイツなんかでは、「ドイツ民族は選民で世界を支配するんだ」ということになっていた。これはいわば「ファンタジー」です。そして、当時のドイツ人たちは、この「ファンタジー」の中で生きていたわけです。これは、現実の世界で営まれるリアルな「運命」からかけ離れたものですよね。

でも、ファンタジーの世界なら水を飲まなくても、モノを食べなくても生きていけますが、私たちの生身の体は、今、水を飲まないと死ぬし、モノを食べないと死んでしまうわけです。まずは、そういう、生身の運命そのものから遊離して、ファンタジーの世界で生きている人々の「焦点」を、もう一度、彼等の実際の生身の運命に当てさせる。

これが「運命焦点化」という処方箋です。

この運命焦点化を図る上で、例えば効果的な方法として挙げられるのは、地震とか津波で死ぬよ、っていうような、何らかの具体的な「危機」、こういった「危機」というのは、正気を取り戻す重要な契機となるんですね。いわば、ファンタジーの世界で生きている世界に、「危機」を用いて現実世界に繋がる「割れ目」を生じさせることができるわけです。

神谷：日本の「武士道」の考え方に通じるところがありますね。

まさに。おっしゃる通りです。「死を覚悟」することで、他所に行きがちな焦点を、今から自分が死ぬまでの間の残りの人生、つまり運命にくっきりと当てなおすことができるわけです。運命焦点化のための最大の処方箋は、自らの死を常に覚悟し直し続けること、ですね。

さて、二つ目の処方箋は、**「独立確保」**です。

これを考えるのに、今、私たちの社会を覆っている、様々な「全体主義」を考えてみましょう。例えば、多くの会社や組織で、ロクでもない「出世競争」が激しくなったりしています。そしてそんな出世競争に生き残るために、組織内でのロクでもない「人気取り競争」をやったりしています。あるいは、ビジネスの世界でも、あるいは、学者の世界でも、単なる数字上の

「業績競争」なんてものが、あらゆるところで展開されている。

今の世の中、本当にこういう、全体主義的な下らない「競争」や「ゲーム」が幅をきかせている。

ところで、大学の研究室を卒業して、就職する学生さんたちにはよく、「これから君たちが行く職場は、とてつもない全体主義ワールドで、地獄のようなもんだと思い定めておきなさい。ただし、その地獄で、自分の魂を全部売るのは絶対にやめなさい」という話をするっていうお話を、前回致しましたが、これが「独立確保」というものの典型例ですね。

出世競争や業績競争から、一定の距離をおく。そこで展開されている全体主義的な下らないゲームから、一定の距離をとっておく、というアプローチです。

当然ながら、生きていく以上は、全体主義に一定程度媚《こび》を売らなければならないことはあるでしょう。そうでないと、仕事を続けさせてもらえないし、お金をもらえなければ、生きていくこともできない。だから、「完全」に、下らない大衆社会のゲームから独立を保つのは至難のワザであるとは言えるわけですが、魂を全部売りとばさなくとも、ある程度生きていくことはできるはずです。そういうぎりぎりのところで、なんとか、大衆社会から独立を確保しておかないと、文字通りの「ゾンビ」になってしまいますよね。それが、「独立確保」、というものです。

この概念を一番分かりやすく表現する映画として、「インビクタス」っていう映画があります。南アフリカ共和国のマンデラ大統領が、大統領に就任する以前、30年近くも政治犯で捕まっていた間、彼はその肉体の全てを、囚人としての奴隷仕事に捧げていた一方で、彼は「この人生の主役は俺だ」と自分に言い聞かせ、その精神の独立を保ったといいます。彼は、囚人として30年間留置されていた間、その精神を、彼を捕まえた政府に隷属《れいぞく》させるのではなく、「精神の独立」を保持し続けたのです。

そんな過酷な状況下ですら「独立確保」が可能なわけですから、たかだか大企業に勤めているとか、大きな省庁に勤めるくらいで、身も心も全部奴隷になるなんて恥ずかしい、と考えないといけないですよね。だから、今日の日本では、どんな組織に属していようと、必ず、「独立確保」は可能なはずです。

こうした発想は、一身だけの話ではなく、「一国」の話でも同様です。福沢諭吉を持ち出すまでもなく、我々の日本国家も、当然独立しないといけない。国家としてちゃんと独立して、自分の正義を貫くということをしていかないと、世界全体で今、大衆化、全体主義化が進んでいる状況下ですから、日本も大衆人にならざるを得なくなっていきます。

だから、日本国家も、国家として独立を確保することが必須なわけです。自らの義、正義を保つために理性というものを、道理を通すためにも国家の独立をきちんと確保することが必要なわけです。

神谷：数がモノをいう政治家の世界で組織によらない「独立の確保」って本当に難しいんですが、意識を強く持つことだけでも行動が変わってくると思いますね。

こうやって「運命焦点化」でこの人生に焦点を当て、「独立確保」でこの下らない社会の中で繰り広げられる大衆人たちの全体主義ゲームからは一定程度「独立」した空間を確保した上で、この空間で何をすべきか、というのが、三つ目の処方箋です。

それが、**「活物同期」**という奴です。

例えば、独立して旺盛なる生命の循環を展開している友人と一緒に話をする、そんな友人と話をすると「アウフヘーベン」（止揚）が起こる。そして、会話それ自体が循環ですから、アウフヘーベンがポンポン起こって、話がゴロゴロ、ゴロゴロと展開し、心がドンドン動いていく。これが、活物同期、というものです。つまり、自分の精神の外側にある、例えば、「友人の精神」といった「活物」に、自らの精神を同期させるわけですね。

もちろん、大衆人化した、ニヒリストの友人とどれだけ議論をしても全くのムダ。こちらの精神が冷え込んでいくだけですから、そんな友人とはとっとと縁を切った方がいい。それが難しいなら、可能な限り、独立確保、することが必要になります。

同じようにして、「良い家族」と「良い時間」を過ごす。そうすると、ドンドン精神が「循環」していきます。

さらに、そこにグルグル循環している社会があれば、自らの精神も社会に同期していくこととなります。そして、その社会も健全なものだったら、自然全体とも同期しつつ循環していきます。そうやって、もし、自然、社会、そして、自分の精神というものが、綺麗に同期することができれば、大きな大きなグルグル回る循環の中に、自らの精神を溶け込ましていくことができる。究極的には、宇宙とすら、繋がることができる。

だから良い友人、良い家族と過ごすことは非常に重要な意味を持つのです。

ですが、悪い友人と一緒にいても仕方がないのと同様、残念ながら、悪い家族がいるなら、そんな悪い家族と時間を過ごしても意味がありません。「悪い家族なんていない――」という言説があるように思われますが、現実的に考えて、そんなこと、あり得ないですよね。我々は今、これだけ大衆社会化が進展した社会に住んでいるわけですから、どっぷりと大衆化している家庭がそのへンにゴロゴロしていることは、否定したくても否定できない事実でしょう（例えば、『キルラキル』っていう最近のマンガのラストは、世界を破滅に導くとんでもなくワルイ母親を、息子が自殺に追い込む――というものですが、このマンガは、そんな現代の世情を映し出したものでしょう）。

そして、不幸にも、一部だけ大衆化し、一部は未だ大衆化していない――という半人半ゾンビ的家族があったなら、その家族の中の「人間側」の人は、相当な苦労をするはずです。でもそんな苦労は、仕方がない。その家族の中では、やはり、家族でありながらも、彼は「独立確保」の処方箋を活用せざるを得ません。

おそらく、家族の中で、そんな独立確保をするなんて、不道徳だ——なんていうイデオロギーがあるから不幸になっている人も、この世の中にはたくさんおられるのではないかと思います。何と言っても、ニヒリズムから脱し、理性の下で生きていくためには、あらゆる固定概念を相対化していく、という柔軟な精神も必要なわけですから——。

さて、仮に周りに良い家族も、良い友達もいなかったとしても、「良い本」さえあれば、一人で活物同期することができます。もちろん、悪い本を読んでも意味がない。良い本でなきゃ、同期する意味がない。

じゃあ、良い本とどうやって巡り合うかというと、一番手っ取り早いのが、「この人良い人だな」っていう人が、「良い本だよ」って言っていた本を読む、っていう方法ですね。例えば、尊敬する人に勧められた本を読む、っていうことです。当方は、若い頃は手当たり次第読んだりしていましたが、30歳近くになってからは、ずーっとこの方法で、本を読んでいます。そうすると、ホントに「外れ」が少ない。是非、皆さんもそうされるといいと思います。

で、周りに良い他者もいないし、どういう本が良いかを教えてくれる他者もいないとなれば——そういう時でも、自然の中で暮らす、という活物同期がある。個人的な話で恐縮ですが、僕は、年に2、3回は二泊三日で無人島に一人で行って、そこでずっと、一人で釣りをする。

そこでいろんなことを考えるんです。波の音をずっと聞きながら。もうそれだけでものすごい精神が浄化されるのが分かります。

何十時間も一人で、人工的なものが何もない自然の中にいると、本当に、自然の循環に敏感になっていきます。暑さ寒さや、雨が降ったり太陽が照ったり、風が吹いたり。そんな中で、一人の生物として、体温を確保したり雨風を凌《しの》いだり――そんな風にして自然の循環の中に自分をどっぷりとつけて同期させると、本当に素直に心が浄化されていく感じがします。

いわゆるグレた不良少年たちを更生させる一番良い方法っていうのは、学校を森の中につくって森の中で生活させる、っていうモノらしいですね。半年くらい生活させると随分と素直ないい子になって帰ってくることがあるとのこと。

これも活物同期ですね。

これまで、家族や本、自然なんかと同期させることで、自分自身の精神の循環を強化する、という話でしたが、やはり、私たちは、この大衆社会化したこの文明社会全体の中に放り込まれているわけです。そして、この文明社会そのものは確かに、健全な循環をやめ始めています。だけど、自分自身の精神が循環している以上は、少なくとも自分の手が届く範囲のいろいろな社会の循環を、自分自身の精神でもって「駆動させていく」「回していく」ことも決して不可能ではないはずです。

「活物同期」という処方箋は、自分自身の精神の循環を強化していくための処方箋でしたが、今度は、自分自身の精神を、自分以外の他者や共同体、あるいは、社会や国家の循環を強化させるための「処方箋」として活用していくわけです。

もしも自分自身の精神の活物が、十分に旺盛《おうせい》なものであれば、身の回りの様々な循環を大きく展開させていくことができるでしょうし、場合によっては、一国全体の循環を展開させていくことに成功するかもしれない。そうなれば、社会や国家それ自体が、大自然の循環から遊離していたような状況があったとしても、その状況を改善し、その社会そのものを、大自然の循環の中に同期させていくことに成功するかもしれない——何とも壮大な話ですが、「活物同期」という処方箋が処方箋として存在する以上、自分自身の精神を、世界の処方箋として活用することができる可能性も、決してゼロではないはずなのだと思います。

そしてそれこそが、というよりもそれ「だけ」が、政治家がなすべき仕事だと言っても過言ではない、つまり**「政《まつりごと》」の本質**は、そこにあるんじゃないかと思います。

——無論、その可能性を具現化するためにも、自分自身の精神の循環の活力を、つまり、「理性の力」を徹底的に強化していくことが必要なわけですから、知人や家族、先人の書籍や自然などと、ことあるごとに同期していくことは重要であることは論を待たないでしょう。

例えば僕は今、「表現者クライテリオン」という雑誌の編集長を務めていますが、この雑誌の出版活動は明確に「活者同期」を企図したものです。編集長として、この方は活力がある方だなぁ、と思う論者にアプローチして、お話を聞いたり記事を書いてもらったりして、それを出版する。そして、読者の皆さんにそれに触れてもらって、活者同期をしてもらいたいと思っているわけです。その雑誌で、執筆陣が月に一度ずつ話をする「塾」もやっていますが、そうした塾ももちろん、活物同期を企図したものです。

そしてもちろん、当方が大学でやっている講義も、研究室での学生指導も皆、活物同期を目《もく》途《と》としたものですね。

神谷：今日は、処方箋として三つの取り組みをご提案いただきました。

運命焦点化のお話は、先ほど「武士道」のことを言いましたが、死生観をもって、自分の命の使い方を考えていく、人生と向き合うということですね。死生観があると運命焦点化ができる。死ぬと思うと運命に焦点が当たる。死ぬと思っていないとファンタジーになる。

神谷：それこそ変な宗教に行っちゃうのはそういうことですよね。二つ目が、独立確保。どんな地獄に行ってもちゃんと独立を確保する。

神谷：どこの社会でもいろんな組織に入らないと生きていけないですけど、かといって、その中でも自分の主体性を失っていたら「大衆」になってしまうと。

最後の活物同期の話は、良き活物に同期を図りながら、究極は自分が自分の人生の主人公になるんだということかと私は理解しました。

そうなんですね。そんなリアルな人生においては、もう、理性と実践の区別がなくなってくる。理性というのは循環だというお話を何回目かに致しましたが、あの時は理性というものは、循環が分かる力だと言いましたけど、分かるためには自分が循環しないといけない。自分が循環するということになると、実践も認識も、理性も悟性も、も、哲学も実務も何もかもグルグル、グルグル回って一緒になっていくんですね。だから、**政治と哲学は、真剣に生きる人生においては全く同じこと**なんです。

だから、哲学の無い政治は、完全なる偽物の政治なんです。そして、政治無き哲学は、同じく偽物の哲学です。

でもだからといって、全員が、職業としての「政治家」や「哲学者」にならなければならない、というものではありません。それぞれの仕事で、それぞれの家庭や地域社会の中で、しっかりとものを考えさえすれば、それはもう立派な「哲学」です。同時に、それぞれの場所で回りの人びとに働き掛け、その共同体なり組織なりに実践的に働きかければ、それはもうすでに立派な「政治」なわけです。そういう広い意味での「政治」と「哲学」、言い換えるなら、「周りの人への働きかけ」と「しっかり考えること」を循環させながら進めることこそが、「活き活きと生きていくということなだ」、というのがこの本全体を通してお伝えしようとしたことだと言うことができるでしょう。

それに一つだけ、こっそりと最後に付け加えるとすれば——そうやって、活き活きと生きていくことがあって初めて、幸せに生きていくことができるのだ、という点。もちろん、ソクラテスやプラトンは「よく生きるとは何か？」を論じようとしたわけで、必ずしも「幸せになる」ということを「目的」とした議論をしているわけではありません。そして彼らの重大な結論は、他者との関係から逃れることのできない我々人間が、つまり、政治からは絶対に無縁になることができない我々人間が、この世界の中で「よく生きる」ためには、「政治」というものを無視して生きていくわけにはいかないのだ、というものでした。

ですが、「よく生きることができて初めて人が幸せになる」ことは間違いありません。

例えば、体のどこかが病んでいれば、ずっと辛い思いをしますよね。それと同じで、自分の生き方がどこかよく無ければ、どこかでずっと嫌な思いや辛い思いをすることから逃げられなくなるわけで、決して幸せにはなれないわけです。だから、ソクラテスやプラトンたちが始めた「哲学」の話というのは、結局は、全て、人間の幸福について語ったのだと言うこともできるわけです。

ただし、その哲学の目的は「よく生きるためのもの」であって、「幸せになるためのもの」ではない、という点は忘れないでいただきたいと思います。つまり、幸せというものは、人生の目的ではなく、あくまでも、正しく生きることができた人に対して、天からこっそりと贈られる贈り物のようなものなのだと思います。「幸せ」を目的にしだした途端、皆さんの手から幸せは全て滑り落ちていってしまう、という摂理が、どうやらこの世の中にはあるようなのです。

ですからやはり、哲学の対象は、「良く生きる」ということにしなければならない、というわけなんですね。

とはいえ、「よく生きた人に、贈り物が届けられる」ということをひっそりと知っているくらいなら、天は決して罰を与えないはずだと思います。ですから、このお話は最後にこっそりと付け加えさせていただいた次第です。

……以上で私の話は終わりです。

長い間お付き合いいただき、ありがとうございました。

新・政（まつりごと）の哲学

令和２年８月13日　初版発行
令和６年３月　３　日　２刷発行

著　者　　藤井　聡
協　力　　神谷宗幣
発行人　　蟹江幹彦
発行所　　株式会社　青林堂
〒150-0002　東京都渋谷区渋谷3-7-6
電話　03-5468-7769
装　幀　　TSTJ Inc.
印刷所　　中央精版印刷株式会社

Printed in Japan

ISBN 978-4-7926-0683-1

子供たちに伝えたい「本当の日本」

神谷宗幣

私たちが知るべき歴史や経済、日本の原動力である和の精神を彼らにどう伝えるかをわかりやすく解説！　若者や子供たちに「日本」という誇りと夢を！

定価1400円（税抜）

日本のチェンジメーカー～龍馬プロジェクトの10年～

神谷宗幣（編）

5人の地方議員から始まった龍馬プロジェクト。日本のチェンジメーカーたちが本書に綴った10年間変わることない気概と矜持！

定価1200円（税抜）

インテリジェンスと保守自由主義

江崎道朗

コロナ対策から安倍政権下で創設された国家安全保障会議そして欧米における近現代史見直しの動向を踏まえながら、インテリジェンスとは何かを問う！

定価1500円（税抜）

日本版　民間防衛

江崎道朗
濱口和久
坂東忠信
富田安紀子（イラスト）

テロ・スパイ工作、戦争、移民問題から予期せぬ地震、異常気象、そして災害！　その時、何が起きるのか？　我々はどうやって身を守る？　各分野のエキスパートが明快に解説。

定価1800円（税抜）

まんがで読む古事記
全7巻

久松文雄

神道文化賞受賞作品。
古事記の原典に忠実に描かれた、とてもわかりやすい作品です。

定価各933円（税抜）

日本を元気にする
古事記の「こころ」改訂版

小野善一郎

古事記は心のパワースポット。
祓えの観点から古事記を語りました。

定価2000円（税抜）

日本建国史

小名木善行

縄文時代から室町時代まで、史実の裏側を探り、これまでの歴史とは異なった視点で驚愕の日本史を著した書！

定価1800円（税抜）

ねずさんと語る古事記
壱〜参

小名木善行

古事記に託されたメッセージは現代の日本人にこそ伝えたい。
今までにないわかりやすさで、ねずさんが古事記を読み解きます！

定価1400円（税抜）

赤尾由美の辻説法

赤尾由美

赤尾敏の姪にして（株）アカオアルミ代表取締役会長が実践する、グローバリズムに依存しない日本型経営。並木良和氏と「日本を語る」収録

定価1500円（税抜）

あなたがここに転生した理由

坂東忠信

18年間警視庁に勤務してきた著者が、飛び降り自殺者と一晩過ごし、死んだ後の「あの世」を考えてみた。自らの体験を元に、今、生まれてきている理由を考察する。

定価1500円（税抜）

秘密結社ヤタガラスの復活
――陰陽（めを）カケル

保江邦夫
雑賀信朋

新型コロナ以降の日本にはかつての陰陽道の復活が必要！　秘密結社ヤタガラスが日本を護る。量子物理学者・保江邦夫と安倍晴明の魂を宿す雑賀信朋の対談。

定価1500円（税抜）

秘伝和気陰陽師
現代に生かす古の知恵

保江邦夫

僕の先祖は播磨国の陰陽師の首領だった！　祖母によって伝授された陰陽師の秘儀を惜しみなく公開した1冊

定価1700円（税抜）